REVISTA INTERNACIONAL
Rio de Janeiro – Paris – Nova Iorque – Buenos Aires

A CLÍNICA LACANIANA

REVISTA INTERNACIONAL

Rio de Janeiro – Paris – Nova Iorque – Buenos Aires

A CLINICA LACANIANA

As homossexualidades

TRADUÇÃO

Procópio Abreu

EDITOR

José Nazar

Companhia de Freud

Título Original
La Clinique Lacanienne

Editoração Eletrônica
FA - Editoração Eletrônica

Tradução
Procopio Abreu

Revisão
Sandra Felgueiras

Editor Responsável
José Nazar

Rio de Janeiro, 2005

ISSN – 1414-6193

Companhia de Freud
editora

Endereço para Correspondência
Rua Barão de Sertório, 57
Tel.: (21) 2293-7166 / 2293-9440
Rio Comprido - Rio de Janeiro
e-mail: ciadefreud@ism.com.br

Sumário

Editorial

A homossexualidade? Eis uma questão que corresponde bem às interrogações da época! Quando a *Clínica Lacaniana* decidiu dedicar-lhe um número, não esperávamos encontrar as dificuldades que explicam o atraso dessa publicação. É que, por trás do enorme interesse suscitado pela entrada em cena das "minorias sexuais" e a despeito de uma abundante literatura política, histórica, sociológica, é preciso ressaltar a relativa indigência das publicações psicanalíticas na matéria. Rápido citamos os grandes textos de Freud: *A jovem homossexual*, *Uma lembrança de infância de Leonardo da Vinci*, *Os três ensaios sobre a teoria sexual*, da mesma forma que a *Juventude de Gide* de Lacan. Encontraremos poucos livros sobre a questão entre os contemporâneos, à parte notadamente o *Gide, Genet, Mishima* de Catherine Millot. O dicionário de Laplanche e Pontalis sequer comporta ocorrência sobre a homossexualidade. Alguns artigos de qualidade foram publicados, mas a maioria deles é apenas exegética. A despeito da modernidade do tema, o estudo das molas propulsoras da identidade sexual e da escolha de objeto (o que não é a mesma coisa) permanece limitado.

Não foi o problema "político" que freou as pesquisas? Da mesma forma que a ideologia repressiva, a que idealiza as "minorias sexuais" obscurece os problemas e proíbe qualquer avanço. Aliás, o próprio conceito de "minoria sexual" não é, sozinho, desnorteante? (cada um de nós não constitui uma minoria sexual?). Isso não quer dizer que a psicanálise não deve se interessar pelos debates sociais, ou não tem implicação política: as ficções que os homens inventam para si são inversamente proporcionais a seu recalque, e o laço social legitima-se graças a essas ficções. Não estamos, pois, fechados com nossos pacientes, e temos nossa palavra a dar – enquanto psicanalistas. Foi a este título que as tomadas de posição não faltaram ao longo dos recentes debates. Mas, ao relê-los, percebemos que, por trás da fumaça das polêmicas, não encontramos argumentos realmente novos. A *Queer theory*, a despeito de suas pretensões analíticas, reduz-se a uma tese política, e não é possível, sem demagogia, pretender que ela enriquece a teoria. Por outro lado, reduzir a homossexualidade à sua vertente perversa, como fazem muitos analistas, logo encontra tantas exceções que nos damos conta do trabalho que resta fazer, o próprio conhecimento da heterossexualidade estando, aliás, apenas bem balbuciante: nesse ponto, a psicanálise mal começou.

Toda a sociedade está agora envolvida em problemas que só interessavam um círculo pequeno, do tempo de Freud. Quando, a despeito dos tabus da época, este último formulou suas teses sobre o trauma sexual, sobre a perversão polimorfa da sacrossanta criança, ele da mesma forma observou que, em suma, a passagem à heterossexualidade talvez fosse mais difícil de ser elucidada que a escolha de um objeto do mesmo sexo. Como não ver que a tolerância primeiramente, depois as liberdades novas aproveitaram-se amplamente do tom menos exigente posto por Freud no conceito de "normalidade"? Somos nós capazes de tão poucos preconceitos e de nos proteger de tomadas de posições que, a pretexto de teorias, justificam nossos próprios pendores? A invenção freudiana descobre aspectos pouco agradáveis do desejo humano em geral, tanto heterossexual quanto homossexual. E, sem dúvida, é o que explica o tom um pouco quente que presidiu os recentes debates. Esperamos que o terrorismo que com freqüência reina além-atlântico tão logo se trata de "minorias" sexuais não alcance nossas margens.

Uma vez reconhecido o que o invólucro formal do sintoma deve à época, resta a estrutura. As formas da organização social sem dúvida são contingentes, e não se pode confundir o patriarcado e a função do Nome do pai. Entretanto, a castração não é contingente, sua necessidade está articulada à efetuação da linguagem, e não é com uma pirueta que nos livramos da questão da diferença dos sexos. É aqui que não se pode perder o trem: a identidade sexual e a escolha de objeto são apenas conseqüências, essas particularidades não permitindo, sozinhas, especificar uma posição subjetiva. Ora, é antes de tudo essa posição subjetiva que interessa na cura psicanalítica, em primeiro lugar: mas como essa cura poderia ser conduzida se certas dificuldades teóricas não fossem elucidadas? Com efeito, o agenciamento da transferência difere na psicose, na neurose e na perversão, e cada uma dessas posições comporta suas próprias ocorrências homossexuais e heterossexuais (sempre a título de conseqüências). Essa observação obriga abandonar também toda idéia de geneticismo e reconhecer uma relativa independência entre a escolha de objeto e a da estrutura. Tantas constatações que podemos fazer, cujas causas ainda continuam amplamente obscuras.

A identidade sexual psíquica, isto é, situar-se do lado "homem" ou do lado "mulher", não prejulga o objeto de amor, lado homem ou lado mulher. Examinemos a proposição: *ser um homem (biológico) que se reconhece do lado "homem" e que ama os homens.* Se, nessa fórmula, substituirmos um dos termos "homem" pelo termo "mulher", depois o segundo, depois o terceiro "homem"; e se retomarmos em seguida a proposição de início com seu equivalente "mulher", obtemos dessa maneira seis hipóteses possíveis. Mas por que e como tais mudanças de posição se realizam?

Na vida cotidiana assim como na clínica, podemos efetivamente encontrar cada uma das seis ocorrências evocadas, mas essa repartição, talvez satisfatória para o espírito, não vai muito mais longe que as observações que podemos tirar do *Sex and Gender* de Stoller. Isso não diz realmente nada do que empurra um sujeito numa casa em vez de noutra, nem como ele sai fora dela. Ainda mais que neurose, psicose ou perversão prevalecem nessa lógica e a sobredeterminam: de modo que a identidade sexual bem como a escolha de objeto são subvertidas por um desejo que, em certa medida ou por certo tempo, continua a renegá-las. Alguém pode afirmar que aceita, sem combate e sem sintoma, sua identidade sexual e suas escolhas amorosas? Tentamos falar nestas páginas desse desejo tão incerto de seu amor.

Pelo amor do pai e do falo: a homossexualidade em primeira linha

Gérard Pommier

Em 27 de junho de 1968, quando, num bar gay de Greenwich Village, uma revolta explodiu, logo tomou aspecto político. Esta dimensão nunca mais se desmentiu desde então, por ocasião de manifestações e controvérsias que acabaram numa desmedicalização da homossexualidade: como resultado, não é mais considerada doença mental no DSM 3 e no 4. O número de homossexuais provavelmente não aumentou, mas o lugar que eles ocupam na cena pública faz com que doravante apareçam abertamente. Essa importância contrasta com o peso numérico que têm, já que, na França, as estatísticas avaliam em 6 ou 7% o número de homossexuais homens e menos de 2% de homossexuais mulheres[1]. Essa posição especial fez da homossexualidade um objeto sociológico de eleição e são incontáveis os estudos feitos a seu respeito, ao passo que a dimensão psicanalítica permaneceu pouco explorada.

A importância da dimensão política e dos estudos sociológicos culminou num estranho resultado, o de apagar a questão metapsicológica. Tudo é apresentado como se a homossexualidade fosse um fato natural no qual a história pessoal teria pouco lugar. Em suma, faltariam apenas provas genéticas de uma incontornável especificidade orgânica, pela qual, aliás, a espécie humana seria a única afetada (o "gene da homossexualidade" já foi descoberto várias vezes, ou, pelo menos, anunciado na imprensa). Tudo é apresentado como se existisse uma "essência" da homossexualidade e essa

[1] Fonte das estatísticas citadas neste artigo: *L'homosexualité*, PUF, col. "Que sais-je?".

homossexualidade de nascimento é apresentada no desconhecimento completo do desejo inconsciente de que ela procede e do que ele deve à filiação. A posição dos homossexuais em relação a seus ascendentes, por exemplo, mal é evocada: apenas 2% dos pais de homossexuais declaram aceitar as escolhas do filho. Imaginamos a intensidade do sofrimento subjetivo que daí decorre. E não se exclui tão facilmente, só com regulamentações legislativas, a impossibilidade de acertar as dívidas com os ascendentes, notadamente pelas vias da filiação. Tudo leva a crer que a adoção agravaria o problema em vez de solucioná-lo.

Da mesma forma e de acordo com o que dizem as estatísticas, 70% dos homossexuais interrogados antes dos 25 anos teriam desejado não sê-lo e a isso só se habituaram posteriormente com dificuldade. Um gozo mais forte que eles empurra-os para o que não queriam e, por sua vez, esse interdito exacerba o gozo. Prefeririam não ser empurrados assim para o amor do semelhante, mas é justamente esse opróbrio – que fazem primeiro pesar sobre si mesmos – que torna essa escolha incontornável e deliciosa. Importa sublinhar que o interdito aqui faz parte do dispositivo do gozo de modo específico. O próprio interdito condiciona o desejo e é primeiramente interior. Compreende-se que seria um alívio caso se tornasse apenas exterior.

De modo que uma busca do interdito, ou até da repressão, sustenta o próprio movimento de liberação. O gosto da provocação pode prevalecer sobre o conteúdo de reivindicações justificadas, como se tudo fosse feito para que isso seja recusado. Quanto mais a liberação se concretiza, mais lhe falta o obstáculo externo que aliviaria a dor interna. Ela vai em frente, sempre no limite, pois o limite realiza o desejo por um breve instante – como justamente observou Foucault em seus trabalhos sobre a transgressão. Assim é que um certo número de reivindicações, como a do casamento, ou da adoção de crianças, pode ser suspeito de ser principalmente uma busca desse ponto limite. Se não se pode simplesmente pensar que a homossexualidade está querendo imitar a heterossexualidade, ou que está procurando acertar uma conta que contratou primeiro consigo mesma, com um sonho voltado para a "normalidade", este sonho mesmo é antes curioso, no momento em que a norma tradicional explode. Espera-se com curiosidade para ver se o número dos adeptos do PACS* será significativo, ou se, ao se reclamar tal lei, se tratava apenas de fixar um objetivo limite, em si mesmo pouco importante, obsoleto uma vez obtido. Veremos os números: talvez se tratasse principalmente de fazer ranger os dentes do heterossexual comum, que se torna assim aquele de quem se zomba e de quem se goza, e isso em nome de motivos de alta moralidade. Nos primeiros dias da república, Sade nos ensinou que delicioso uso podia ser feito de belos ideais como a liberdade, a justiça e a igualdade. Não é que a aplicação escrupulosa deles desembocaria na perversão. É, antes, que a perversão nunca é tão refinada quanto ao reclamar justiça, liberdade, etc. As condições do gozo e um problema político acham-se assim em embaraçosa contigüidade. Seja como for, o fim de uma pesada opressão e o reconhecimento de direitos fundamentais da pessoa são legítimos em todas as hipóteses, ainda que avancem sob a bandeira de uma provocação manifesta, até mesmo perversa.

Seja qual for seu alcance, as considerações precedentes não explicam um fenômeno que, a partir de uma pequena minoria, interessa hoje toda a sociedade. Certo, diremos que todos recalcaram a homossexualidade e que, portanto, todos estão envolvidos. Mas sempre foi assim, e é preciso pensar as particularidades modernas do problema. Não seria bom procurá-las nas grandes transformações trazidas pelas ciências e as técnicas? A ciência explorou o céu, os mares, a terra, a economia, a história, a psique. Não há rastro de deus, mas apenas leis. A ideologia da ciência não instaura uma nova realidade psíquica, nem um conteúdo novo da fantasia, que permanece sem mudança. Mas essa eterna fantasia daqui por diante tem falta das ficções religiosas que programavam para o futuro uma redenção do pai morto. O pai vivo demais, que Édipo encontrou na encruzilhada de seu mito, ele o acomodou em dois personagens: um vivo, um morto. É o segundo que o deus monoteísta representa. Desvelando matematicamente as ficções do pai eterno, a modernidade retirou seu principal trunfo do patriarcado: sua degradação acelerada deixa aparecer o que ele servia para recalcar, isto é, o gozo feminino e, mais amplamente, as questões aferentes ao erotismo. Mais que em qualquer outra época,

* Pacto Civil de Solidariedade. (NT)

os problemas da sexualidade em geral aparecem na frente da cena: cada um cuida da especificidade de seus amores em vez de tentar adaptá-los a uma norma. Aliás, o que era a própria norma é avaliado de outra maneira: os casamentos de amor tornam-se regra (a maioria era antes arranjada pelas famílias). Ademais, o interesse dado à sexualidade perde toda seletividade. Ele concerne igualmente à sexualidade infantil, feminina, à heterossexualidade, à homossexualidade ou a qualquer forma de perversão. Todas as particularidades e desvios sexuais tornaram-se objeto de curiosidade por serem suscetíveis de enfim dizer a verdade do gozo.

Entre as minorias sexuais, a homossexualidade assumiu lugar crescente, como demonstra o fim, aliás relativo, do opróbrio a ela relativo. Desde a Revolução Francesa, os sodomitas não eram mais passíveis da fogueira, mas a homossexualidade continuou sendo por muito tempo um tabu. É menos o caso hoje. Sem dúvida essa tolerância resulta dos progressos da liberdade individual, mas mais ainda da marginalização dos ideais patriarcais: o deus da ciência é um deus razoável, para o qual, em toda a sua potência, a natureza faz lei: ele parece com o *deus sive natura* de Espinosa, ele mesmo tão semelhante ao "ser supremo em maldade" caro a Sade. São eles os batedores do deus da ciência, mas este último tornou-se tão natural que ele mesmo ignora a que ponto é divino. Nada surpreenderia mais um cientista do que lhe anunciar que sua prática secreta uma nova religião, aquela cujos deuses poderosos são as forças naturais de que os cálculos são testemunhas.

Note-se que esse gênero de deuses sincréticos de forças naturais era o das sociedades totêmicas. E não é um acaso se essas sociedades davam destino bem diferente à homossexualidade, que, na época, era considerada atividade de bom tom. O grande César era homem para as mulheres e mulher para os homens. Para o grego, o romano, o samurai japonês ou o guerreiro massai, o amor homossexual pertencia à norma. Voltamos, então, àquela aurora helênica, ardentemente desejada por Heidegger (que teve que se contentar com Hitler impotente e seus brutos SA enluvados e perfumados?). Mas não, não é o totemismo que refloresce, pois a homossexualidade é idealizada na esteira da secularização do monoteísmo (ela não o era nas sociedades evocadas). Não estamos voltando ao passado: avançamos para outra coisa, que ignoramos (como é a regra).

Na antigüidade, a familiaridade com o pai vivo era compatível com a sodomia. E, se encontramos as mesmas familiaridades naturais hoje, o deus da ciência seria apenas um sodomita? Esse deus matemático não morre nunca e sua única regra é a das leis que regem a ordem do universo. Ele é o avesso do deus eterno (morto) que regia o patriarcado e o monoteísmo. O deus do monoteísmo, sabemos, era aquele que devia ser fantasisticamente morto por causa do trauma sexual que ele infligia tanto aos rapazes como às moças. Uma vez o patriarca enviado aos céus, o sexo em geral é recalcado, ou então só é autorizado para fazer um filho que traga o nome desse pai. Fora dessa porção heterossexual, aliás congruente, o resto do sexual deve ser pudicamente recalcado. Esse pai sempre já morto via ser-lhe atribuído tal destino por impor a castração, isto é, essa diferença explicitada pela diferença dos sexos. Já que ele deixa a frente da cena, nada mais se opõe ao amor da mesmice. Aliás, se o pai não é mais castrador, é possível amá-lo também sem reticência, e ser amado por ele. A hegemonia de um pai tão natural quanto científica é não só compatível com a homossexualidade, mas convida ao amor por um pai que não se distingue mais, por conseguinte, daquele da perversão. Com o crepúsculo das religiões, o pai morto não está mais no céu. Como fazer para representar um pai morto que estaria doravante sobre a terra? Nada mais fácil! Basta representá-lo como um impotente ou um homossexual.

Essa representação "massifica" o discurso bem comum de numerosos analisantes, que consideram o pai, durante um tempo, como um impotente ou um invertido. Essa certeza procede do desejo que eles têm: como o pai provoca o desejo sexual e seduz a filha ou o filho feminilizado e como não passa ao ato, será taxado de impotência ou suspeito de homossexualidade. Essa crença tão difundida só dificilmente é abalada, pois explica de maneira prática a neutralização da virilidade paterna. É nesse sentido que o inevitável "amigo homossexual" de numerosas jovens mulheres quase sempre apresenta uma característica paterna, que harmoniosamente se conjuga com sua convivência sexual inofensiva.

Mas por que essa "massificação" atual? No monoteísmo, as duas figuras do complexo paterno estavam repartidas entre o céu para o pai morto e a terra para o pai vivo. Com o pós-modernismo, essas duas figuras estão doravante na terra, acarretando nova distribuição do complexo paterno. Agora inexpugnável e sem perdão, o pai violador é perseguido por todos os lados. Democraticamente, é arrastado aos tribunais por sedução ativa, e isso por qualquer razão. A massificação da fantasia está doravante privada de um exutório religioso e acarreta a encarnação de tal figura do pai (o próprio Bill Clinton soube dar o exemplo e fez maravilhas com seu personagem de sedutor arrependido de mocinhas inocentes). Mas sempre é possível contrapor a esses maus pais alguns bons pais como os juízes, os educadores, e a gente dita "psi" em geral: queiram ou não, ei-los colocados no grupo dos pais impotentes e homossexuais: são os novos defensores da lei.

Essa nova colocação em cena do complexo paterno é múltipla e se apresenta de maneira por vezes curiosa. Por exemplo, a prostituta sempre foi, para os homens, uma maneira de burlar a repressão sexual (de matar o pai) e de transigir com a cisão do desejo e do amor imposta pelo patriarca. Esse lugar de transgressão da prostituição conhece evolução notável: é que numerosas mulheres da vida são de agora em diante homens travestis e, a despeito de sua feminilidade de empréstimo quase sempre perfeita, a clientela deles não ignora essa particularidade. Bem mais, os clientes correm atrás. Debaixo do travesti, as pessoas se regalam com esse pai *nouvelle cuisine*. Ele era ainda recentemente consumido graças às mulheres prostituídas, e ei-lo doravante posto no molho homo.

Em resumo, a homossexualidade ocupa lugar específico em nossa época porque o complexo paterno foi reorganizado pela ciência. Como esta última marginaliza o monoteísmo que a reprimia violentamente por concorrência desleal com o pai, ela daqui por diante sai da sombra. No mesmo movimento, o homossexual representa daqui por diante uma figura idealizada do pai. Certo, os homossexuais masculinos levam vantagem nessa distribuição de papéis. Mas as mulheres homossexuais estão longe de ficar para trás, pelo menos aquelas que estão na "atividade" que corresponde à perversão polimorfa infantil (a posição sexual delas também se sustenta graças a uma identificação com o pai).

O reconhecimento da homossexualidade constitui menos um dos ganhos da liberação das opressões sexuais que uma apresentação inesperada da figura do pai, assim salvo *in extremis*. O lugar da homossexualidade ultrapassa de muito o de uma minoria oprimida: substituindo o pai castrado e morto (o que ela pode figurar para o comum das neuroses heterossexuais), ela apresenta à sua maneira a face visível do complexo paterno. As homossexualidades masculina e feminina que se estabelecem nos terrenos da perversão polimorfa da criança formam o último bastião da glória do pai falóforo antigo, aquele que reinava antes de nosso frágil messias. Eis o último terreno onde não se brinca com o falo e onde a adoração da potência sexual não é palavra vã.

A homossexualidade hoje funciona, portanto, como um ideal paterno. Pois os ideais não desapareceram, contrariamente ao aviso de falecimento do pós-modernismo; eles se atualizam diretamente no presente. Passaram de um estatuto futuro a um estatuto virtual: virtual quer dizer que basta passá-los ao ato no presente. O virtual se opõe ao atual e não ao real. O ideal não se projeta mais num tempo futuro como durante a modernidade, época da secularização dos ideais. Agora, os ideais parecem ter desaparecido, embora estejam apenas nesse estado de virtualidade em que a passagem ao ato os realiza. A homossexualidade representa um Nome-do-pai passado do virtual ao atual, e a este título funciona como um ideal *in praesentia*, assegurando seu serviço para toda a sociedade. Penosa tarefa a de substituir um patriarcado declinante! E entendemos o terrorismo relativo que as minorias sexuais conseguem fazer reinar bem além dos *campi* americanos: elas estão investidas de uma função simbólica que as ultrapassa. A aura particular do homossexual deve-se menos ao prestígio adquirido numa luta contra a opressão que à figura paterna que ele representa, aliás bem à revelia.

Nesse sentido, certos grupos de homossexuais norte-americanos pensam-se e apresentam-se como uma vanguarda, ou, em todos os casos, como um fermento revolucionário para a sociedade inteira. A subcultura homossexual não milita apenas em favor de uma minoria sexual (reivindicação que a situaria no mesmo rastro que os movimentos de liberação das mulheres), ela também se apresenta como uma vanguarda *messiânica* da pós-modernidade (este papel messiânico dá, sozinho, uma indicação sobre a função "nome do pai" da homossexualidade). Certo, o fato é muito mais impressionante nos Estados Unidos que na França, onde, sob a influência dos *Gays and lesbians studies*, apareceu um novo conceito, o de "*queer*". "*Queer*" reapropria um insulto, já que esse termo pejorativo designava antes um *détraqué*, ou uma personalidade bizarra, para ser finalmente reservado aos homossexuais. Para esse movimento, defender a marginalidade sexual é defender o direito de todos os marginais. Reconheceu-se a retórica marxista dessa proposição: da mesma forma que a liberação do proletariado anuncia a da sociedade inteira, da mesma forma os homossexuais lutam pela liberação de todas as opressões sexuais, isto é, o futuro do gênero humano[2].

Trata-se de reunir os excluídos da sexualidade normativa, e os teóricos do movimento militam pelo *transgênero*, segundo o qual é preciso evitar ligar o gênero de uma pessoa a seu sexo biológico. Os meios de sua luta são os do *gender fucking*, isto é, "foder os gêneros", expressão lacônica que significa a recusa de uma identidade sexual precisa. Nos países da velha Europa, o "político" tem uma significação enquadrada por um longo passado, e uma pessoa razoável não entenderá em que uma reivindicação relativa à identidade sexual pode ter alcance revolucionário. Ela terá tudo para mostrar que, nos Estados Unidos, existem movimentos homossexuais francamente fascistas, da mesma forma, aliás, que, na França, certas tendências vão no mesmo sentido. Opor-se à opressão de uma minoria é decerto um ato político, mas isso não significa que ser membro dessa minoria seria em si político e ainda menos revolucionário. O "transgênero" dos *Queer* parece ser mais um assunto privado: por que debater essa questão em praça pública? Cada um se vira como pode com sua sexualidade, e toda exibição pública evoca a provocação perversa da lei, ou uma vontade de pôr em dificuldade os heterossexuais, embora eles mesmos também estejam em situação delicada com essa mesma lei. Entretanto, se considerarmos que o aparecimento dessas reivindicações está ligado à erosão do patriarcado, isso se torna mais complicado: com efeito uma questão se coloca, pois a sexualidade só aparece como um problema privado do ponto de vista daqueles que a

[2] Em seu ensaio *Peau* [Pele], a romancista americana Dorothy Allison escreve, por exemplo, neste sentido:: "Os movimentos de revolução interiores que sucederam historicamente o fim das ideologias... servem, para além da homossexualidade, para romper as amarras do que até então funcionou como modelo da sexualidade".

recalcam, isto é, o patriarcado fraterno tradicional. Esse recalque por certo diz respeito à homossexualidade, mas também ao gozo sexual em geral e ao feminino em particular, e isso em nome do laço pai-filho. Estamos diante de um problema "político", embora não no sentido clássico do termo. Um requestionamento inesperado do laço social tradicional surge através das reivindicações, no entanto marginais. O amor, desde sempre deixado na sombra, sobe à cena política (pela frente e por trás, se ousamos dizer).

O desafio de outra cultura

Philippe Julien

A publicação de *Reflexões sobre a questão gay* (Fayard, 1999) por Didier Eribon nos atrai pelas questões que nos são colocadas.

Filósofo e historiador, o autor já é conhecido pela famosa biografia intitulada *Michel Foucault (1926-1984)* e publicada em 1989. Agora, com esse novo livro, é apresentado ao público o fundamento do que se chama a "cultura gay". Com essas duas palavras opera-se uma tripla negação. Não é nem a "sodomia" julgada teologicamente como sendo um pecado contra-natureza, nem o "crime" penalizado juridicamente pela condenação à castração e à fogueira, nem "a homossexualidade" nascida recentemente, em 1869, e qualificada pela psiquiatria de enfermidade por perversão do instinto sexual.

Com essa nova nomeação, a questão é mostrar que há séculos existe uma cultura que tenta manifestar-se publicamente em nossas sociedades. Assim é que, há uns trinta anos, nos Estados Unidos e depois na Europa, essa cultura mostra-se graças a um "*coming out*", isto é, uma saída do gueto e do armário, sem vergonha nem violência. Fim da dupla vida do profissional respeitado e do "bom" pai de família respeitável, que por outro lado tem secretamente encontros "infamantes"! Assim é que alguns se permitiram sair do silêncio para nos dar suas reflexões sobre esse acontecimento: O. Wilde, A. Gide, M. Proust, M. Hirschfeld, L. Bersani, G. Deleuze, P. Bourdieu e, é claro, M. Foucault.

O que nos transmitem eles então? Que a cultura gay não se define simplesmente pela atração sexual, mas bem diferentemente; ela é contestação das identidades fixas e imutáveis da sociedade estabelecida, subversão das identificações oficiais conforme o *gender* masculino *ou* feminino. Com efeito, elas se instauram em dois tempos. Primeiro tempo: a visão da presença ou da ausência do órgão peniano determina o registro no cartório. Segundo tempo: a partir daí, o discurso educativo da sociedade familiar e social transmite uma identificação em termos de *ser*, ser um verdadeiro homem, ser uma verdadeira mulher. Assim, ter ou não ter tal órgão determina o ser ao qual se identificar.

Não é irrisório e ridículo? A cultura gay responde: não há ser, mas apenas parecer. É comédia social com todos os seus traços *fixos* de distinção entre o masculino e o feminino: ativo/passivo, dom/receptividade, dominante/dominado, possuidor/possuído. Esse cômico se manifesta no aspecto, no andar, na moda, no estilo... e na aparência a mostrar: voz aguda/grave, vestido/calça, saltos altos/baixos, cabelos longos/curtos, lenço/gravata, maquiagem ou não, jóias ou não, etc. Os costureiros e os cabeleireiros sabem disso há muito tempo.

Ora, a cultura gay é o questionamento do caráter fixo dessas identificações. Não há ser dependente de um ter visual; há apenas parecer. A roupa do magistrado ou do homem de Igreja não nos diz nada do ser deles. Por isso esse parecer é mutante, maleável, sempre inventado. A cultura gay é desestabilização das identidades masculinas e femininas na cena do teatro deste mundo. Aliás, a noção de "pessoa" não vem da palavra grega *prosôpon*, máscara de teatro? Então, que cesse a injúria tratando o homossexual de afeminado, ou, ao inverso, de macho guerreiro recusando a mulher! Ele não *é* nem um nem outro; ele introduz *jogo* na determinação das funções e dos papéis, qualificados masculinos ou femininos. Não é nem um pouco hermafroditismo da alma como diziam outrora os psiquiatras. Pelo contrário, há um apelo a um estilo de vida, a um *ethos*, a uma relação de si a si, que deve ser descoberta sem cessar, porque não há essência do masculino e do feminino, mas uma inadequação a si irredutível.

Didier Eribon soube nos mostrar o que estava em jogo nesse antiessencialismo da cultura gay para a invenção de uma estética do *gender*, aliada a uma erótica. Ora, é isso mesmo que desde sempre é insuportável para a ordem social e seus representantes. Não é novo. Já os teólogos dos primeiros séculos do cristianismo tinham a intuição desse perigo de desestabilização. Por isso é que operavam uma clivagem entre sexualidade e amor entre homens.

Por um lado, a sodomia era condenada precisamente em nome de uma identidade dita natural, a não ser perdida. Por exemplo, no século IV, São João Crisóstomo justificava a condenação com o seguinte argumento: "Mantenho que assim não só vocês são transformados em mulheres, mas cessam também de ser um homem; e no entanto não adquirem essa outra natureza e não conservam a que tinham. Tornam-se traidores de uma e de outra e merecem ser caçados e apedrejados por homens e mulheres, já que cometeram uma injúria aos dois sexos" (*In Epistolam ad Romanos*, PG 60, 417-422). Com efeito, há uma natureza macho e uma natureza fêmea, segundo as quais Santo Agostinho podia dizer: "O corpo de um homem é tão superior ao de uma mulher quanto a alma o é ao corpo" (*Contra mendacium*, 7, 10 (PL 40, 496)).

Por outro lado, o amor de amizade entre homens é celebrado. A poesia amorosa dos clérigos disso é testemunha: amizade apaixonada e espiritual que exclui a um só tempo ascetismo e sexualidade. John Boswell teve a audácia de tirar dos arquivos os textos de benção ritual da união entre dois homens que se prometiam fidelidade e amor[1]. Os modelos propostos na benção são bem freqüentemente aqueles de David e Jonathan. Assim, David dizia, após a morte do amigo:

> "Jonathan, por tua morte estou desolado
> Tenho o coração apertado por tua causa.
> Eras-me deliciosamente querido,
> Tua amizade me era mais maravilhosa
> que o amor das mulheres" (II, Samuel, I, 26).

Assim é que, do século IV ao século XII, o amor entre dois homens é recebido publicamente e consagrado pela Igreja. A partir do século XIII a homofobia popular tornou-se tal que essa cerimônia teve de desaparecer.

[1] *Les unions de même sexe dans l'Europe antique et médiévale*, Fayard, 1996.

D. Eribon mostra em seu livro, de modo bem claro, a atualidade da intuição de João Crisóstomo, bem como a suspeita pública da fragilidade da clivagem entre sexualidade e amor. Entretanto, esse livro deixa em suspenso numerosas questões.

A primeira diz respeito à demanda de legalização do casamento homossexual ou do Pacto Civil de Solidariedade*. O autor tenta demonstrar que essa normalização pode conciliar-se com essa desestabilização que por si é a cultura gay (capítulo XVI). Mas é realmente conciliável? O poder de inovação dessa cultura não é necessariamente neutralizado pela integração às regras da normalidade?

Vimos isso com freqüência na história da arte ou da espiritualidade. Este é um ponto essencial do debate atual; o autor nos promete falar disso em seu próximo livro a ser publicado sob o título *O discurso homófobo*.

Da mesma forma, é possível interrogar-se sobre o silêncio desse livro sobre a cultura lésbica enquanto diferente da cultura gay. Não é sem razão que o nome comum de homossexualidade não convém mais com a consideração das duas culturas. As mulheres não têm o mesmo "comunitarismo", nem a mesma relação militante com o "*coming out*" no público, uma vez que este é de dominante masculina. Por isso é que o PACS lhes interessa menos que aos homens; elas vivem muito menos que eles sua vida privada como uma conseqüência de uma homofobia e de uma rejeição para o gueto por uma sociedade "heteropolicial". Gomorra não é Sodoma.

Enfim e sobretudo, o grande silêncio desse livro diz respeito ao acontecimento do século XX que foi a deportação dos homossexuais masculinos. Em mais de 500 páginas, uma única linha fala do "horrível destino sofrido por milhares de homossexuais, enviados aos campos, portadores do triângulo rosa" (p. 333).

Essa deportação ainda hoje permanece escondida. Nenhuma investigação oficial foi realizada, nenhum trabalho sério de historiador lhe foi dedicado. As cifras supostas do número de mortos variam entre 5.000 e 50.000; e o número de deportados entre 200.000 e um milhão. Quem sabe

* PACS: lei que permite a união sem casamento civil de pessoas dos dois sexos ou do mesmo sexo. (NT)

que desde junho de 1940 a polícia francesa pôs à disposição dos alemães fichas de homossexuais que freqüentavam certos lugares das grandes cidades? Quem sabe baseados em que critérios eles foram presos, como viveram nos campos, enquanto distintos dos judeus por um triângulo rosa?

Durante sua última entrevista, em 23 de fevereiro de 1980, esta questão foi colocada a J.-P. Sartre: "Por que não há uma palavra em seus escritos políticos sobre o extermínio dos homossexuais por Stalin e Hitler? – É porque eu ignorava esse tipo de massacres, se eram sistemáticos e quantas pessoas tinham sido atingidas. Eu não estava seguro. Os historiadores não falam muito disso" (Palavras recolhidas em *Gai Pied*, março de 1980). Na França, só em 1995 é que uma delegação homossexual pôde participar de uma celebração comemorativa oficial. Ora, não há uma relação estreita entre o silêncio coletivo que se perpetua e a cultura gay, quarenta anos após, como retorno público do recalcado? Pode-se lamentar que esse livro em nada responda a esse tipo de questões.

A exigência do *Ebenbild*

Marcel Ritter

Para começar, devo pagar uma dívida e dizer que a idéia desta comunicação cabe a meu amigo Michel Royer, que me propôs retomar a questão do *Ebenbild*, que eu havia tratado superficialmente em minha intervenção durante as Jornadas sobre *O sonho na cura*, retomá-la à luz do romance de Yukio Mishima, *Confissão de uma máscara*, na medida em que esse romance autobiográfico nos mostra com particular acuidade a captura do desejo por uma imagem, o que constitui, por outro lado, uma das contribuições maiores do estudo das perversões à questão do desejo humano.

Para de imediato suspender uma ambigüidade, faço questão de precisar que a imagem em questão, seja ela isolada ou constituída por um roteiro mais ou menos complexo, é sempre uma imagem tomada numa função significante. Enquanto parte constituinte de uma seqüência significante, ela não pode de modo algum ser reduzida ao que o reino animal nos ensina quanto à importância da captura imaginária nos comportamentos instintivos. Estamos no plano do desejo humano e do ajustamento desse desejo à fantasia, efeito da constituição do sujeito pelo significante pelo viés da demanda e de seu corolário, a colocação em jogo da questão do sujeito sobre o desejo do Outro.

Ebenbild e fantasia

Vou, portanto, partir novamente do último parágrafo da *Traumdeutung*, o qual se abre com a seguinte questão: "E o valor do sonho para o conhecimento do futuro?". Freud não deixa lugar a dúvida alguma: naturalmente, não se trata de pensar nisso. Gostaríamos de substituir: para o conhecimento do passado. Não que o sonho não nos conduza ao futuro, já que nos apresenta um desejo (*Wunsch*) como satisfeito. Mas, e está aí o importante: esse futuro tomado pelo sonhador como presente é estruturado (*Gestaltet*) pelo desejo indestrutível à imagem exata (*Ebenbild*) desse passado.

Se o desejo inconsciente, indestrutível, sustenta e organiza o voto do sonho, ele também organiza cada instante de uma existência, pertença esse instante ao presente, ao passado ou ao futuro. Vale dizer que ele abole o tempo cronológico, histórico, em proveito de uma estrutura, que, esta, é o indestrutivelmente sempre presente, sempre e invariavelmente a mesma coisa. Lacan, referindo-se em seu seminário "Les non-dupes errent" a esse último parágrafo da *Traumdeutung*, nele sublinha justamente essa prevalência da estrutura, que pontua a trajetória do ser humano do nascimento à morte. Qualquer que seja o ponto em que se esteja nessa trajetória, a estrutura é sempre a mesma. Cada ser particular é perfeitamente determinado quanto a seu desejo, como no caso do Homem dos ratos, sem, no entanto, referir seu emprego no fim da *Traumdeutung*. Seria longo demais voltar aqui ao que implica o termo *Ebenbild* nesse caso preciso.

A partir de *Confissão de uma máscara*

Chego agora ao romance de Mishima, *Confissão de uma máscara*. No momento em que pensava em escrever seu romance, Mishima endereçou a seu editor a seguinte nota, datada de 2 de novembro de 1948: "Este será meu primeiro romance autobiográfico. Não quero dizer o *Ich-roman* convencional a que estamos tão habituados. Apontarei para mim o bisturi da análise psicológica que agucei em personagens imaginários. Tentarei dissecar-me bem vivo. Espero atingir a exatidão científica, tornando-me, conforme a expressão de Baudelaire, a um só tempo o condenado e o carrasco. O que exige determinação, mas taparei o nariz sem parar de escrever". Mas, para além dessa visada confessa de realizar um ideal científico, essa escrita é uma tentativa terapêutica, que faz apelo ao que ele designa como seus "poderes de auto-análise", para compará-los a "um desses círculos obtidos dando um simples movimento de torção a um pedaço de papel, cujas extremidades são em seguida coladas juntas. O que parecia ser o interior era o exterior e o que parecia ser o exterior era o interior". Mishima também teve a intuição do interesse da topologia da banda de Mœbius para a compreensão dos fatos psíquicos. Esperava descobrir em seu passado o motivo do que ele considerava uma anomalia, a saber, o pendor de seu coração por "a Morte, a Noite e o Sangue". O que o questionava bem particularmente era a fonte da fascinação, até ali misteriosa e assustadora, que era exercida sobre ele pelo martírio de um jovem. Essa fascinação se integrava no que ele qualifica, em *O sol e o aço*, de "impulso romântico para a morte", suportado pela idéia de que a morte violenta é a beleza suprema, contanto que aquele que morre seja jovem. O romance nos mostra que o que ele descobre no fim das contas é uma homossexualidade embelezada por fantasias sadomasoquistas. Mas essa moldagem sob a forma de um exemplo clínico no que ele reconhece como uma perversão sexual, mais exatamente, no que uma autoridade médica tal como o Doutor Magnus Hirschfeld, o mesmo que Freud cita várias vezes em *Os três ensaios sobre a teoria da sexualidade*, declara ser apenas o sadomasoquismo encontrado com freqüência nos "invertidos", essa moldagem deve em si mesma ser interrogada. Voltarei a isso.

Antes, tenho ainda que lembrar a comunicação de Paul Mathis no congresso da École freudienne de Paris, em Roma, em novembro de 1975, intitulada *Ética e sexuação*. Em seu texto, Paul Mathis tenta dar conta do destino trágico de Mishima, apoiando-se em *Confissão de uma máscara* e *O sol e o aço*. Ele se prende sobretudo ao sentido da metáfora do sangue para um homem, seja ele mártir ou guerreiro japonês. Vê nisso, de certo modo, o retorno de um recalcado, recalcado que diz respeito ao sangue da mulher viva como signo do real da castração, ao qual o sangue do homem ferido ou morto veio substituir. E Paul Mathis conclui pela perspectiva de uma nova ética a exigir por parte dos homens abandonar sua homossexualidade e seu narcisismo.

O fio que seguirei é diferente, ele diz respeito ao "*Ebenbild*", na medida em que *Confissão de uma máscara* nos oferece uma ilustração clínica particularmente esclarecedora de seu efeito de coação. Com efeito, o romance pulula de lembranças e fantasias, que seria fastidioso demais aqui enumerar. Guardarei, no entanto, duas imagens tiradas da lembrança, que indubitavelmente têm função "fixadora", no sentido em que Freud utiliza este termo em "Uma criança é espancada" a respeito do papel de certas impressões da infância no que vai se constituir como uma perversão. Tratase de imagens que permitem, num primeiro tempo, a precipitação do que era latente no plano do desejo e sua revelação e, num segundo tempo, a repetição do gozo que a isso se liga numa fantasia masturbatória consciente. Mas o essencial é que essas imagens são a testemunha privilegiada do que se articula no plano inconsciente, isto é, o recalcado.

A mais antiga lembrança data da idade de 4 anos, e ela deixou no personagem do romance uma imagem de uma intensidade que ele diz ser extraordinária. Conduzido pela mão de uma mulher, ele sobe uma rampa para entrar em casa. De repente, aparece alguém que desce a rampa e cuja silhueta contrasta por sua nitidez fora de proporção com o *flou* da cena. Essa intensidade sensorial exagerada não deixa de nos lembrar o amarelo das flores dentes-de-leão e o gosto saboroso do pão, descritos por Freud em sua lembrança-tela [*souvenir-écran*] autobiográfica, marcando a mais estreita relação desses dois elementos com o desejo inconsciente. Ao lado dessa impressão vivaz, ele não se lembra mais nem da estação, nem da identidade da pessoa que o acompanhava. Essa imagem é a mais antiga daquelas que não cessaram de atormentá-lo e de assustá-lo durante o restante de seus dias, e, cada vez que ele a ela retorna, ela toma nova significação. Era a imagem de um jovem, um limpa-latrinas ou coletor de excrementos, carregando com a ajuda de uma ripa dois baldes de fezes nos ombros. Ele representava a seus olhos a revelação de um certo poder, o primeiro apelo que lhe lançava uma voz estranha e secreta. Ele tem então o pressentimento de que existe neste mundo uma espécie de desejo igual a uma dor aguda. Levantando os olhos para esse jovem sujo, ele se sente sufocado pelo desejo ao pensar: "Quero me transformar nele, quero ser ele". Nessa imagem, que literalmente o aspira num movimento de desejo irresistível, emergem dois elementos nos quais se concentra esse desejo: a calça colante "de ciclista" e o ofício. Sem entender por que, uma adoração inexprimível por aquela calça, desenhando com precisão a parte inferior do corpo, estava ligada nele. Da mesma forma é tomado pela ambição de se tornar limpa-latrinas, ofício que lhe inspira o violento desejo de uma mágoa amarga, de uma mágoa que lhe dilaceraria o corpo, com o sentimento de uma "tragédia" no sentido mais voluptuoso da palavra. Ei-lo aqui subitamente exposto à vista de uma imagem, a qual desencadeia, por um lado, uma enamoração instantânea num movimento de precipitação especular e de idealização e, por outro lado, um violento desejo desnudado, vizinho da dor de existir.

Vamos dar um salto até seu décimo segundo ano, quando, ao folhear um dia um volume de reproduções de obras de arte pertencente ao pai e marcado com o selo do interdito, se deparou com uma imagem que ele não consegue deixar de acreditar que estava ali para ele, a esperá-lo. É uma reprodução do São Sebastião de Guido Reni. Sobre um fundo de floresta sombria e céu crepuscular, ele vê um jovem de beleza notável amarrado nu a um tronco de árvore. As mãos cruzadas estão levantadas bem alto e os punhos ligados por correias estão fixados à árvore. O que o impressiona particularmente é a nudez branca radiante sobre o fundo de crepúsculo, levemente escondida por um pano branco grosso amarrado em volta da cintura. Apesar das duas flechas enfiadas na axila esquerda e no franco direito, não há nenhuma marca de sangue que viria macular a pele. Nenhuma impressão de sofrimento emana dessa representação do mártir, mas antes "uma luzinha de melancólico prazer, igual à música". Mal vê essa imagem, seu ser se põe a tremer de uma alegria que ele qualifica pagã e é tomado de um desejo irresistível. As mãos, de modo inteiramente inconsciente, começam um gesto que nunca lhes fora ensinado, e ele conhece sua primeira ejaculação e o início do que chama seus "maus hábitos". É nesse momento de seu relato que ele se refere ao Doutor Hirschfeld, que coloca "as imagens de São Sebastião na primeira fileira das obras de arte que proporcionam aos invertidos um prazer particular".

Notemos que a fascinação pela imagem de São Sebastião furado de flechas seguiu Mishima ao longo de toda a sua vida. Na adolescência, era fervoroso leitor de Oscar Wilde, tinha predileção particular por um curto poema intitulado *O túmulo de Keats*, do qual eis aqui um trecho:

> Tirado desta vida quando a vida e o amor eram novos,
> É aqui que repousa o mais jovem dos mártires,
> Belo como São Sebastião, e morto jovem como ele.

Mais tarde, na idade adulta, foi várias vezes fotografado como São Sebastião, o que alguns de seus contemporâneos interpretam como sinal de loucura.

Mas voltemos ao romance. A partir desse material, elabora-se então uma fantasia masturbatória, que lhe aparece como sendo absolutamente repugnante. Essa fantasia põe em cena o sacrifício pela faca de um rapaz entre aqueles avistados durante seus passeios do dia, e isso no objetivo de sua "cerimônia pagã". Mas o que é impressionante é que o discurso a esse respeito muda de endereço. Não se dirige mais ao leitor, mas ao próprio sujeito, ao qual o conteúdo da fantasia é enunciado por uma voz estranha sob a forma do "tu", tal um ato de acusação, mas também de justificação, o que lhe confere um aspecto clivado, desligado, como que provindo de um lugar outro.

No que concerne às duas imagens tiradas da lembrança, a do limpa-latrinas e a de São Sebastião, se a vista delas logo desencadeia o voto de ser, por um processo de idealização que precipita o sujeito na vertente do amor, o desejo é também colocado em jogo, como mostra claramente a confrontação com a imagem de São Sebastião. Se ele ama inexplicavelmente, o que é o destino de todo amor, coloca-se então a questão do que, nessas imagens, desencadeia esse amor e *a fortiori* o desejo. O material do romance permite responder a essa questão?

Na primeira imagem, a do limpa-latrinas, dois elementos o impressionam particularmente: por um lado a calça ciclista, calça apertada que desenha a parte de baixo do corpo, em que certamente reconhecemos o valor de fetiche do véu escondendo tudo, deixando adivinhar o pênis em sua função fálica, e por outro lado o ofício de coletor de excrementos, dando-lhe o sentimento de uma mágoa que lhe dilaceraria o corpo. Ora, o excremento representa para ele um símbolo da terra. Daí ele conclui que o que o chamava, aquela voz secreta e estranha, nada mais era que o amor maligno da Terra Nutrícia, indício em favor de um desejo de natureza canibalista, profundamente recalcado, e que só pode se fazer reconhecer nesse momento sob uma forma invertida e situada no Outro.

Na segunda imagem, a de São Sebastião, o que ele retém antes de tudo é a nudez branca do corpo ofertado e exposto, levemente escondida por um pano da mesma cor, em que encontramos a mesma relação véufalo. Mas o que importa mais é que essa imagem é a matriz dc toda uma série de fantasias sádicas, de onde a fantasia masturbatória já citada, paródia de uma relação sexual, mas também matriz do que ele chama seu "mais terrível sonho". Trata-se de uma fantasia canibalista consciente, pondo em cena o sacrifício de um rapaz, um aluno atlético e adulado de sua classe, por quem ele está apaixonado em silêncio e à distância. Em sua fantasia, ele o vê desmaiado, despojado das roupas, atado nu sobre um vasto prato e trazido para uma sala de banquete a fim de lá ser cortado em fatias e devorado.

A hipótese de um desejo enraizado numa fantasia oral encontra-se reforçada pelo que ele nos diz de todas aquelas "imagens bizarras" de sua infância e de sua adolescência, nas quais vê a fonte de seus sentimentos e de suas ações. Ele as considera como a escrita de seu destino, o viático de toda a sua existência e o suporte dc suas idéias deterministas. Mas o que é impressionante é que ele apreende esse destino sob o modo de um festim; cito: "Entregaram-me o que se poderia chamar um *menu* completo de todas as dificuldades de minha vida, embora eu fosse jovem demais para lê-lo. Mas eu não tinha mais nada para fazer senão abrir o guardanapo e me pôr à mesa".

Para Mishima, essas fantasias eram, com efeito, o *menu* preestabelecido do que ia ser seu festim na existência, que ele terminará vítima desse amor maligno da Terra Nutrícia, entrevisto já na idade de 4 anos.

Em *O sol e o aço* encontramos outra metáfora oral relacionada com a escrita. Ele compara sua arte, utilizando a capacidade de roer que têm as palavras, à atividade da formiga branca roendo o pilar de madeira crua, entendam a carne. Se as palavras são um meio de reduzir a abstração a realidade para transmiti-la a nossa razão, o poder que elas têm de atacar a realidade esconde o perigo latente de que também sejam atacadas. E ele compara a ação delas à "ação dc um excesso de secreções estomacais que digerem e pouco a pouco roem o próprio estômago". Eu poderia ainda citar outras metáforas orais extraídas do mesmo ensaio, *O sol e o aço*, mas o tempo me falta. Eis, por exemplo, como ele descreve sua experiência de vôo num avião de caça: "Parecia-me que estávamos mordendo o céu com avidez, mastigando e engolindo o pedaço".

No entanto, devemos ter em mente que não se trata de uma cura psicanalítica, mas de uma obra literária. Nas lembranças e fantasias que

Mishima nos confia, imagem especular e fantasia inconsciente, isto é, o objeto idealizado fonte do amor e o objeto causa do desejo permanecem confundidos. Querer desembaraçá-los passa a ser especulação, enfim. No máximo, podemos ver até onde nos é possível levar as deduções permanecendo no terreno do estrito contexto.

Para concluir

Agora é tempo de concluir. Em suas *Notas sobre a Confissão de uma máscara*, Mishima escreve: "Este livro é um último testamento que quero deixar nesse domínio da morte onde vivi até agora"; e ele não vai cessar de citar esse romance como "fechando a conta" de seus 20 anos. Todavia, um de seus biógrafos, John Nathan, nota que, longe de fechar uma conta, o método que consiste em verificar uma hipótese a seu próprio respeito, a de uma perversão sexual, antes o conduziu à abertura de uma conta.

E conclui: "A confissão oriunda da máscara hipotética de Mishima não era tanto o relato do passado quanto uma profecia para o futuro", observação que não deixa de nos lembrar o que Freud escreve no fim de sua *Traumdeutung*.

Com efeito, em 25 de novembro de 1970, tendo então 45 anos, Mishima se suicida por haraquiri antes de ser decapitado por um de seus companheiros, o qual se submete à mesma sorte, na pura tradição dos samurais. Seu destino o conduziu a uma derradeira colocação em cena, uma derradeira imagem que permanecerá gravada na memória de seus contemporâneos, a de sua morte oferecida em espetáculo e em pasto a um Outro irrisório, testemunha impotente forçada a assistir à cena, sob a figura de um general amordaçado e atado sobre uma cadeira.

Isso me conduz a uma última observação. Talvez o empreendimento de se moldar, sob a forma de uma auto-análise, numa perversão sexual não passe de uma tentativa de construir um *Ebenbild* de suplência, análogo aos devaneios diurnos e às fachadas construídas pelo sonho graças à elaboração secundária, que, no entanto, mostram tanto quanto escondem. Mas suplência a quê? Avançarei aqui uma nova hipótese. John Nathan nos ensina que os ancestrais de Mishima do lado paterno eram camponeses de tão humilde extração que não tinham patronímico antes do início do século XIX. O nome Hiraoka, verdadeiro nome de Mishima, aparece pela primeira vez na família, por volta de 1820, no registro de um templo paroquial de uma pequena cidade do centro do Japão. Se nada se sabe das origens do nome, sabe-se, no entanto, que, mal usado, o nome foi denegrido. Com efeito, seu primeiro portador caiu em desgraça e teve de deixar a casa, tendo seu jovem filho matado com uma flecha um faisão pertencente ao senhor do lugar. Ora, toda a vida de Mishima foi marcada por um sentimento de exclusão, resumindo as "coisas trágicas" entrevistas desde o encontro com o limpa-latrinas. A imagem de São Sebastião, esse pretoriano da guarda romana condenado à morte pelo imperador Maximiniano por tê-lo provocado, e crivado de flechas, essa imagem sobre a qual ele diz que ali estava a esperá-lo, talvez tenha alguma relação com esse episódio da vida de seus ancestrais. Em todo caso, ao ter que adotar, na idade de 16 anos, um nome de escritor para a publicação de sua primeira obra em folhetim, ele escolhe, junto com seu professor, "Mishima", nome da cidade de onde se vê melhor o cume nevado do Fujiyama, precedido de "Yukio", tirado da palavra japonesa Yoki, que significa neve. A brancura que o fascinava tanto na imagem de São Sebastião acha-se, por conseguinte, inscrita para sempre em seu nome de empréstimo e perenizada por meio de sua obra.

À luz desses elementos, proporei considerar a fantasia de incorporação canibalista, subjacente às imagens, na perspectiva da identificação com o pai, primeiro tipo de identificação descrito por Freud, ou seja, em sua relação com o Nome do Pai. A roupa da perversão pode assim vir recobrir uma questão sobre o Pai, ou a máscara da perversão funcionar como Nome do Pai. Lembremos que a perversão, a situar no quadro da relação com o desejo do Outro como toda estrutura, representa o tomar ao pé da letra a função do Pai, como Lacan sublinhou repetidas vezes para usar posteriormente o equívoco de *père-version*, indicando com isso, após Freud, que o amor se refere à função do Pai e que se endereça a este último, uma vez que ele é o portador da castração.

Existe uma distribuição lógica das homossexualidades?

Gérard Pommier

A título de seu ato de nascimento, o sujeito se divide entre uma identificação com o objeto do gozo materno e uma identificação com o pai que o protege disso. Para definir essa posição, seríamos tentados a empregar o termo bissexualidade se ele não desse matéria à confusão com as teses do amigo Fliess. Tal "bissexualidade" no entanto nada tem de orgânico: ela repousa, no sentido lacaniano do termo, na divisão do sujeito, imediatamente tomado entre uma objetivação feminilizante pelo desejo do Outro e a entrada no falicismo, que é sua solução. A escrita do S barrado ($) poderia evocar um sujeito etéreo que procederia de uma lógica do significante liberada do sexo. Mas Lacan mostrou, ao contrário, que a fala era primeiro um instrumento de gozo: o sujeito barrado é sempre já sexual, preso entre a identificação com o falo e o que salva dessa identificação, isto é, uma identificação com o pai.

Ainda que esse sujeito aspirasse à pureza, esse angelismo ainda seria sexualizado: trata-se da posição transexual, que, querendo fazer do corpo um puro falo, o corta de suas atribuições sexuais. Essa posição angélica não é somente sexual porque a identificação com o falo materno concerne ao órgão da cópula, mas porque tem como corolário "ser a mulher do pai". Com efeito, se a mãe procura pôr a criança na posição do falo que lhe falta, é porque foi castrada por "um pai" e, temendo sofrer o mesmo tratamento, essa criança estará em posição feminilizada em relação a esse pai violento.

Essa aspiração transexual já pertence ao registro das homossexualidades. Ela se apóia nesse momento primeiro de divisão "bissexual" do sujeito que não corresponde a uma justa partilha entre masculino e feminino, mas já impõe uma rejeição do materno e uma vetorialização poderosa no sentido paterno. Se a identificação com o pai constitui problema (notadamente em caso de forclusão), a aspiração transexual permanece tal qual. Mas, em todos os outros casos hipotéticos, por um lado a identificação com o objeto do gozo materno continua a ser uma origem recalcada e atemporal, fazendo valer seus direitos tanto antes quanto depois, sempre "para frente". Ao passo que, pelo outro, identificar-se com o falo da mãe seria aniquilador, já que ela não o tem. Meninos e meninas identificam-se assim primeiramente com o pai e entram no gozo fálico, fazendo da mãe, com a qual não se deveria sobretudo parecer, o primeiro objeto de amor deles. Eles se falicizam paternamente a fim de extrair-se do nada.

A urgência subjetiva da sexuação fálica é uma condição da sobrevivência. Com efeito, a escolha do sexo se afirma imediatamente como a carta que deve ser jogada para bloquear a pulsão de morte (a identificação com o falo, transexual) e o brasão de Thanatos permanecerá para sempre marcado no avesso de Eros. A brutalidade desse selo explica a grande rigidez das escolhas de objetos sexuais, tão forte que elas se assemelham a um destino orgânico contra o qual não se pode fazer nada (a escolha sexual raramente muda graças à análise – da qual essa mudança não é, aliás, o objetivo). A escolha do gênero sexual é um dado precoce e constante, seja ele homogêneo ou não ao sexo anatômico, e é sempre primeiro "masculino", masculino querendo dizer: "atividade", gozo de órgão e escolha da mãe como objeto sexual. Esse "masculino" não leva em conta o gênero menino ou menina e pede muitas precauções conceituais: essa masculinização é mais bem descrita pelo termo falicização, que dá conta, para os dois sexos, da escolha subjetiva de identificar-se com o pai. Ela corresponde à entrada no gozo fálico, escapando ao gozo do Outro com investimento do atributo fálico clitoridiano ou peniano.

A identificação com o pai não resulta de seu papel pacificador, de sua bondade, ou de seus cuidados, mas do papel violento e castrador que lhe é dado. "Identificação" significa querer tomar seu lugar em vez de estar no da mãe. Sua conseqüência é a guerra aberta: não sem ambivalência, pois a guerra salva. Essa guerra prossegue às vezes por bom tempo, até a "resolução do conflito", o que quer dizer que o pai deixou-se fazer [*s'est laissé faire*], que terá sido possível tomar seu lugar e, por conseguinte, passar ao amor da mãe. O pai "deixa fazer [*laisse faire*]" na medida em que ele não é mais um filho, em todo caso não o de sua mulher, e não está, portanto, em rivalidade com o filho. Não é que este último travaria uma guerra ganha de antemão (se assim o fosse, ele a teria perdido), é que ele a leva para outros terrenos: aqueles do que é permitido e do que é proibido. A interdição e a punição são esperadas do pai: se for o caso, ele faliciza sob o modelo da fantasia da "criança espancada". No resultado dessa guerra, esse pai, fonte indireta e involuntária – graças a seus golpes – de um gozo da mãe, será amado por ter sido primeiramente "detestado". Se essa guerra não for travada, a detestação permanecerá[1]. Esse ódio do pai tem por motivo a angústia de castração e a relação de rivalidade não resolvida que se situa na entrada do gozo fálico. Ele tem como conseqüência uma inibição da passagem à heterossexualidade.

Há aqui, de início, uma complexidade do falicismo. Ele recalca a posição anterior, "originária", e vai no sentido de uma identificação "masculina" que consiste em se situar não só em posição ativa em relação ao Outro materno, mas exatamente ao mesmo tempo num lugar feminilizado em relação ao pai castrador, pelo menos enquanto a guerra durar e seu resultado permanecer incerto (e ele pode permanecer assim por muito tempo). Pois é bem preciso ver o recorte operado pelo golpe de sabre da entrada no gozo fálico: o sujeito não quer saber de sua objetivação pelo gozo do Outro e entra para valer no gozo fálico. Ele assim deixa a feminilização transexual para entrar em guerra por uma masculinidade que só obterá desde que seja primeiramente feminilizado (castrado) pelo pai com o qual deve se identificar (esta segunda "feminilidade" não é a mesma que a primeira). A guerra não tem como objetivo a entrada no gozo fálico: é um fato consumado desde a declaração de beligerância. É no seio do próprio gozo fálico que se instaura uma posição dividida em relação ao pai: essa posição é masculina em seu objetivo, mas ainda permanece ao mesmo tempo fe-

[1] Citaremos aqui ainda as estatísticas do *Que sais-je*, (PUF) sobre "A homossexualidade": 85% dos homossexuais homens declaram ter más relações com o pai ao passo que só é o caso para 18% dos heterossexuais. Na mesma pesquisa, 65% dos homossexuais declaram ter ótimas relações com a mãe para 42% dos heterossexuais. Embora num nível menor, acontece o mesmo com as mulheres homossexuais.

minina, já que se estabelece na dependência paterna. Nesse combate obscuro, a saída desejada é a rejeição do feminino e a afirmação do falicismo. Esse recalque da posição feminina é tal, na entrada no falicismo, que será em seguida um combate para as mulheres recuperarem essa feminilidade que, nesse sentido, sempre permanecerá problemática para elas. Quanto aos homens, esse recalque do feminino, que tem conseqüências tão violentas para as mulheres, rege o habitual da relação delas com o pai e funda o patriarcado, que se apóia na homossexualidade endogâmica masculina.

Com efeito, o habitual da heterossexualidade masculina é comandado pelo recalque da homossexualidade endógama (o amor pelo pai) e o desejo de criança é regido pelo voto de fazer um filho para esse pai (dar-lhe seu nome). Um homem ama numa mulher o que a ele próprio faltou ser para seu pai, movimento de que procede o amor (pelo que ele foi) como o ódio (pelo que rejeitou de si mesmo).

Eis um curto fragmento, interessante na brevidade, que dá uma idéia da maneira como a heterossexualidade (exógama) se apóia na "homossexualidade" (endógama)[2]. Trata-se de um homem na força da idade: após ter sido casado, sem a autorização do pai, com uma mulher com a qual teve três filhos, ele deixa essa esposa que, no fundo, nunca correspondeu a seus ideais. Tem em seguida uma paixão tumultuosa com uma jovem senhora que, diz ele de novo, tampouco corresponde a suas expectativas. De modo que vive só. Após ter feito essa declaração, volta atrás, ressaltando que na verdade vive com o filho mais velho, situação cuja análise devia lhe mostrar que correspondia a um voto secreto: o de dar a esse filho mais velho (como ele) a educação e a afeição que o pai lhe recusara quando ele tinha a mesma idade. É após essa descoberta que começa a sessão. O Sr. H. fala das dificuldades de sua vida de solteiro e comete dois ligeiros lapsos que o colocam no feminino. Vejo bem que ele ouviu seus lapsos feminilizantes, mas ele não pára neles e eu tampouco me manifesto. Ele rememora então os fracassos

---

[2] Colocaremos aspas nos termos "homossexual" e "heterossexual" quando se referirem a relações intrafamiliares. Com efeito, a endogamia não presume sozinha o que vai acontecer no fim da fase de latência – período em que o adolescente com freqüência faz o contrário daquilo pelo que a família o programou.

de sua última ligação com essa mulher que ele tanto havia idealizado. Dá-se conta de a que ponto era um sonho. Sempre vira através dela uma pessoa paramentada de todas as qualidades, o que ela não era. É então que, mudando de repente de assunto, ele declara bruscamente que o pai nunca ficara contente com ele. Observei-lhe de imediato que me parecia importante que ele se demorasse um pouco nesse ponto preciso. Ele então acrescentou que entendia melhor de onde lhe tinham vindo seus lapsos feminilizantes de início de sessão. O ideal que ele não fora para o pai, ele havia pedido a uma mulher para encarná-lo para ele, ou, antes, em seu lugar. Ele estava assim representando o papel do pai, e ela encarnava seu próprio papel feminilizado.

A heterossexualidade masculina se constrói sobre a base de um perigo de feminilização pelo pai e em reação contra essa angústia. Ela aparece na história desse homem casado que, de vez em quando, era tomado de bruscos impulsos homossexuais. Esse honrado pai de família entregava-se então a diferentes práticas sexuais com homens de encontro, mas excluindo a sodomia. O interesse de sua análise é mostrar que os momentos de regressão homossexual eram coordenados a angústias de feminilização por um personagem paterno. Logo antes do fragmento seguinte, esse senhor devia ir a uma reunião de trabalho decisiva, à qual fora enviado pelo patrão, que dela esperava a conclusão de um importante negócio. A decisão dependia em muito de um orçamento detalhado cujo dossiê, num momento de distração, ele havia perdido no trajeto do encontro. Na noite mesma do incidente, ele chegou então muito angustiado à sessão e começou imaginando as diferentes mentiras que ia ter de inventar para explicar a perda dos documentos. Depois, passou sem transição a uma de suas lembranças de infância: fantasiava-se de menina com um de seus companheiros de brincadeira, declarou primeiro. Mas logo voltou atrás, pois não era exatamente isso. Na realidade, era em companhia de uma de suas vizinhas que ele preferia fantasiar-se de menina e lembrava-se de que atribuía a essa jovem o apelido de "tatu". Acrescentou após um silêncio: "mas eu sabia que ela não tinha tudo... você entende, eu a havia explorado, eu sabia que ela não tinha tudo". E em que idade entregava-se ele a essas encenações? Ele tinha 6 ou 7 anos. Perguntei-lhe então que relação podia ter essa lembrança com a perda de seu dossiê. Era, disse ele, que naquela idade, e depois de ter-se entregue àquelas brincadeiras, ele era sujeito a bruscos e breves instantes de amnésia. E quando ia à escola via-se com freqüência em situação embaraçosa, porque esquecia tudo. A perda ou o esquecimento acompanhava a feminilização e a colocação em cena do "não tudo". Aliás, era na mesma época que, durante os recreios, ele brincava de Joana d'Arc. Esse papel era para ele a oportunidade de grande excitação sexual, principalmente na subida à fogueira e quando supostamente queimava. Isso o excitava ainda mais quando ia de férias para a casa do avô; acontecera-lhe ter práticas sexuais com um adolescente mais velho que ele, com o qual se escondia num entreposto onde era guardada a lenha. A perda do dossiê fora a conseqüência não só de sua angústia de feminilização, mas também de um desejo de feminilização. Era essa contradição que o incitava a viver uma caricatura de feminilidade, que o levava a querer ser sodomizado por um homem, embora jamais tenha realizado completamente esse ato. A mesma ambigüidade também o impedia, aliás, de deixar a mulher, ela, cujo papel em casa era antes masculino, ao passo que ele mesmo cuidava das crianças, numa posição antes materna. Não era preciso mais para alimentar um erotismo nunca tão ativo quanto na hora dos conflitos, a heterossexualidade resultando de uma colocação em cena doméstica da homossexualidade.

O usual da heterossexualidade se apóia numa "homossexualidade" recalcada (amor pelo pai), o que esclarece as coerções da filiação patrilinear. Podemos examinar as modalidades desse recalque nesse paciente, em análise já há um certo tempo (delimitaremos na mesma oportunidade uma fantasia masculina específica cuja eficácia mediremos mais adiante). O fragmento que vai seguir tem lugar por ocasião de um grave conflito com a companheira, embora suas últimas sessões tivessem sido dedicadas a certas questões relativas à sua própria filiação e a um amor pelo pai cuja extensão ele não havia bem medido. Põe-se então a falar da mulher, insistindo na dimensão relativamente grave dos conflitos atuais, embora na realidade havia vários meses que não se falavam mais, a não ser por causa de pequenos assuntos cotidianos. Ele se pergunta então se não havia minimizado essa degradação da situação, justamente por causa de seu amor pelo pai, cuja importância ele não vira. Essa constatação, que aliviara muito sua angústia, fora seguida de uma sessão que ele iniciara fazendo uma observação relativa à companheira: "Consigo, às vezes, ver minha mulher fora de mim...". Como o silêncio em seguida se prolongara, eu lhe havia perguntado onde estava a mulher quando ela não se situava nessa posição de exterioridade. Logo ficou certo que, se ele agora conseguia esporadicamente perceber fora dele esse ser humano que era a esposa, é que ela estava habitualmente dentro dele. Ela nada mais era que sua parte feminina, um outro ele mesmo feminino, que talvez passeasse fora, mas que não tinha autonomia ou não deveria ter tido, já que era seu duplo mais íntimo. Mas outro pensamento estava se impondo a ele: é que ele bem podia agora considerá-la uma pessoa por inteiro, independente, mas apenas em certas condições. "Consigo vê-la fora de mim, mas nesse momento, ela se tornou homossexual". Pedi-lhe, então, para me precisar o que ele queria dizer, e se sua mulher teria se tornado homossexual no sentido do amor por outra mulher. Com efeito, eu me perguntara se ele considerava, nesse caso, que sua ligação com a mulher se tornara uma ligação de (mulher) homossexual a (mulher) homossexual, já que ele acabava de falar dele no feminino. Mas não: ele estava convencido de que essa mulher, que tinha sua vida fora dele, tinha uma relação com outra mulher que ele não conhecia. E ele se dava conta, trazendo precisões, de que sempre tivera uma vaga fantasia, muito excitante, de assistir aos jogos amorosos de duas mulheres. Como se entendesse naquele momento por que eu tinha feito minha pergunta, perguntou-se então se a outra mulher desconhecida não era ele também. E como, de um a outro desses dois estados, a mulher primeiramente desconhecida era em seguida considerada apenas como outro ele mesmo, e como o resultado disso era sua própria excitação sexual de homem, disso se podia concluir que se achavam assim figuradas as etapas da passagem da homossexualidade à heterossexualidade.

Na mesma oportunidade se depreendia a generalidade de uma fantasia masculina bem corrente, a de assistir à sedução de uma mulher por uma mulher, ou, ainda, de ser o objeto passivo do amor de duas mulheres, e todas as variantes da relação de duas mulheres e um homem. O homem se põe então, de certo modo, fora de si mesmo como feminino e se vê fazendo amor com outra mulher. Trata-se da apresentação mais vantajosa para o homem de sua passagem à heterossexualidade. Acrescentaremos, além disso, que o fato de ser o amante separadamente de duas mulheres (por exemplo, ter uma esposa e uma amante) entra com freqüência nessa hipótese. Essa apresentação difere da divisão entre "mãe" e "puta" analisada por Freud em *O mais comum dos rebaixamentos da vida amorosa*. A fantasia de ter uma ligação erótica com duas mulheres não é comandada pelo amor da mãe (cuja impossibilidade requer uma ligação com outra mulher desvalorizada), mas pelo amor do pai. Este último feminiliza o homem, que, para preservar sua masculinidade, projeta sua feminilidade numa mulher que ele imagina copulando com outra mulher. Essa apresentação é homogênea à fantasia "Espanca-se uma criança", na qual o homem prefere ver o pai sob a forma de uma mulher que o espanca, e isso a fim de preservar seu gênero. Notemos (antes de propor disso uma explicação mais adiante) que a disposição "mãe/puta" terá a preferência da histeria masculina, ao passo que a fantasia do amor entre duas mulheres fará a felicidade do obsessivo. Mas, após essa generalização, vejamos como a fantasia é formalizada pelo paciente evocado acima, segundo uma apresentação à primeira vista surpreendente.

Um silêncio bem longo transcorrera desde a evocação da fantasia entre duas mulheres, quando ele declarou – como se se tratasse de uma conclusão – que, "realmente, sua mulher era tão violenta quanto seu pai, que ela era como ele..." em sua violência, em seu segredo, em sua vontade de destruição dos outros e de si mesma. Ele falara da mulher como homossexual, e agora ela virara pai, evolução ainda mais abrupta porque ela tinha como corolário uma questão: "Por que não me tornei homossexual?". E ele logo acrescentava: "Só posso tirá-la de mim quando consigo ver o pai que está nela". Essa série de associações permanecia no nível da estrutura (ela poderia ter sido enunciada em termos equivalentes por outros pacientes) e o resto da sessão devia dizer respeito à substância "histórica" dessa estrutura. Esse analisando pôs-se então a falar da filha, primeiro a título de exemplo da violência de sua mulher, que não suportava mais vê-la pela frente e que brigava com ela por qualquer coisa. Como lembrou então, eles tinham adotado essa criança alguns anos antes, e ele mesmo havia insistido para recolher uma órfã vinda de uma das ex-colônias francesas. No momento, ele não dera importância ao fato de que o pai fora funcionário dessa colônia. Fora preciso um tempo de análise para entender qual fora a fantasia correspondente: a filha adotada era fantasisticamente aquela que seu pai poderia ter tido com uma prostituta local: era a filha que ele próprio teria tido com o pai – "Sou uma mulher que gostaria de ter tido um filho do pai". Essa rememoração estava a serviço da questão que ele repetia então:

"Por que não me tornei homossexual?". Não sem logo precisar como escapara a esse destino: "Minha única maneira de adquirir um corpo de homem é ter primeiro sido uma mulher. Mas, antes disso tudo, fui primeiro um menino". Essa afirmação, inesperada no contexto, surpreendera ele mesmo, e pedi-lhe para me explicar isso. Era uma história que ele se contava há muito tempo sem que ele mesmo acreditasse nela, por isso nunca falara dela. Em seu romance mais íntimo, ele teria perdido seu corpo de homem quando o pai partira para aquela longínqua colônia, partida que acontecera logo depois do nascimento de sua irmã. E foi no instante em que evocou essa história na qual não queria acreditar que ele devia se dar conta de que dera à filha adotiva o mesmo prenome de sua irmã. Suas associações assumiam agora uma dimensão espantosa: é que, quando o pai partira, a irmã atravessara um período de anorexia intensa. E, hoje, era porque sua filha se alimentava com parcimônia que sua mulher entrava naquelas raivas tão desproporcionais... "É em torno das refeições que explode a violência... como minha filha não cede nunca, num dado momento sou eu quem come o que ela recusa. Minha mulher nos impõe esse pai, ela quer fazer com que o comamos. Mas devo reconhecer que é o que eu peço. O que minha filha recusa é o que eu peço... É isso que deixa minha mulher louca". Podemos examinar assim o ponto de regressão pulsional oral da fantasia entre duas mulheres. Na sua dobra endogâmica, ele está em jogo entre a mulher e a filha, e a questão sexual com o pai é formalizada pela questão fálica da comida, que o paciente ingere a título de uma identificação oral.

O esquematismo que acaba de ser lembrado permite ordenar o campo das homossexualidades. Aquém da entrada no falicismo, notamos primeiramente o momento "originário" transexual. Aliás, esse momento não é viável e corresponde a uma potencialidade regressiva: se quer viver, a criança entrará, quer queira quer não, no falicismo. Para isso, ela se identifica com um pai, quase sempre o dela, ou senão com um pai inventado para a circunstância. Mais tarde, se fica claro que esse pai não mantém a distância, mais ou menos rápido em função das circunstâncias, o sujeito sentirá o golpe da regressão para a transexualidade.

Em todas as hipóteses, esse esquematismo indica, portanto, que, se a entrada no falicismo significa uma identificação primeira com o pai, ela comanda primeiro uma atração "sexual" pela mãe, isto é, "a heterossexualidade" para os meninos e "a homossexualidade" para as meninas. Nota-se que o que se pode chamar "homossexualidade feminina ativa" é a posição sexual mais fácil de ser entendida[3]. Ela tem lugar no momento de eclosão da perversão polimorfa da infância[4]. Quando certas teóricas do movimento feminista declaram que uma relação primeira com a mãe comanda a homossexualidade das mulheres, elas constatam esse estado de fato, embora omitam um pouco rápido que essa ligação se estabelece a partir de uma identificação com o pai: vale dizer que essa identificação com o pai é tão perfeita que permanece despercebida. O pai é deixado de lado nessa operação. Trata-se de uma modalidade de assassinato do pai, sem o qual essa ligação tão estreita da mãe com a filha não poderia ter se realizado. Seja como for, essa ligação primeira se coloca com violência para a menina, e ela, aliás, terá as maiores dificuldades em se desfazer dela, não representando os homens para elas, com freqüência, senão uma bóia de salvação relacionada a essa paixão devoradora.

Em comparação, o laço heterossexual dos homens com a mãe é muito menos bem desenhado. Por um lado, "a heterossexualidade" recobre (recalca) a feminilização potencial do sujeito e, por outro lado, a sorte dessa heterossexualidade vai depender da extensão da identificação com o pai, dada na família. Com efeito, o pai amedrontado pode opor-se a qualquer tentativa identificatória do filho, ou, ainda, a mãe pode fazer o melhor

---

[3] Essa disposição é corroborada pelas estatísticas: 77% das homossexuais mostram uma identificação com o pai, ao passo que 15% das heterossexuais reconhecem ter tal pendor.

[4] Essa posição da homossexualidade feminina ativa coloca um problema, já que é possível sustentar que não existe, propriamente falando, perversão feminina. Não há exemplo de mulher voyeurista, exibicionista, fetichista ou usando tipos de perversões masculinas repertoriadas, no sentido em que elas são necessárias à excitação sexual. O sadismo e o masoquismo feminino, é verdade, colocam mais problemas, mas não estão eles em primeiro plano em certas mulheres na medida em que elas entram na fantasia de um homem que pede isso a elas? Entretanto, contanto que se distinga a perversão propriamente dita e a do polimorfismo infantil, o problema se coloca em outros termos. Com efeito, pode-se distinguir o polimorfismo perverso da infância, ao qual as mulheres podem permanecer fixadas, da perversão propriamente dita, que diz especificamente respeito ao masculino (mas não se pode tampouco eliminar a possibilidade de uma mulher "biológica", identificada a um homem, poder ser encontrada no campo da perversão propriamente dita).

possível para invalidar a figura paterna, que também pode, aliás, não ser muito valente. Se isso acontece com uma menina, esses ingredientes reforçarão sua "homossexualidade", ao passo que enfraquecerão "a heterossexualidade" masculina. Nesse caso, a relação identificatória de amor com o pai permanecerá prevalente, desenhando as premissas de uma relação "homossexual" passiva com o pai, suscetível de passar à atividade por transitivismo.

O laço identificatório com o pai pode comportar, do lado masculino, três conseqüências, que resultam da posição do agente da castração em relação ao grande Outro. A primeira possibilidade já estudada é a passagem à heterossexualidade. Nesse caso, a ligação homossexual é recalcada, na medida *em que o pai deseja a mãe, e reciprocamente.* Queremos dizer com isso que a castração assume seu sentido para a criança na medida em que ela imagina primeiro que sua mãe foi castrada pelo pai. E em seguida que o pai o é pela mãe, à medida de seu desejo por ela. São necessárias essas duas condições para que a heterossexualidade seja determinada imediatamente e a ligação homossexual recalcada a seu serviço.

Mas essa ligação homossexual não é forçosamente recalcada, ela pode também tomar a frente da cena, na hipótese em que há não recalque, mas negação [*déni*] da castração. Há aqui uma escolha entre a homossexualidade passiva ou ativa e as formas dessa negação da castração dependem das duas condições precedentemente enunciadas, das quais uma ou outra será privilegiada na configuração familiar. Poderíamos descrever essa configuração, em termos psicológicos, dizendo que "a homossexualidade passiva" corresponde à hipótese em que *a mãe deseja o pai, enquanto que o contrário não é verdade.* O homem encarna então uma figura viril esmagadora, mas distante. A criança aterrorizada por esse pai poderoso demais (que não está castrado por seu desejo pela mãe) vai, pois, colocar-se numa posição de sedução passiva em relação a ele. A sedução repetida poupa da angústia de castração dessa posição feminilizada que, como está destinada a preservar a virilidade, será sexualmente excitante. No que diz respeito à fixação de uma "homossexualidade ativa", ela procede da acentuação de uma figura oposta: *o pai talvez deseje a mãe, mas a recíproca não é verdadeira.* Esta última prefere a criança a ele. O pai está em seu lugar do ponto de vista simbólico (não se trata de psicose), mas é um simbólico que come todo o imaginário. O pai funciona como um lugar-tenente do pai morto, ao passo que, do ponto de vista do sexo, está claro que seu papel é nulo. Nesse caso, o investimento da criança não é o da mãe do psicótico (antes rejeitante), ele corresponde para essa mulher a uma valorização de seu papel de mãe: identificação com um ideal materno a título de resposta à questão do que é uma mulher. Essa resposta invalida o desejo sexual em geral, e para seu marido em particular. Por conseguinte, a perspectiva heterossexual será obturada por esse investimento e seu modo de desprendimento: o filho amará ativamente um rapaz semelhante ao que ele foi do ponto de vista do amor materno e tal como gostaria de ter sido desejado do ponto de vista de seu pai: amar os meninos como sua mãe amou a ele mesmo é uma maneira de identificar-se com o pai que ele gostaria de ter tido. "A homossexualidade masculina ativa", fazendo obra de justiça (já que busca paliar a falha de amor recebido ao dar amor), desdobra-se ao mesmo tempo numa negação [*déni*] da castração materna, que lhe assegura sua erótica. Ela se inscreve, pois, no quadro da perversão polimorfa. Se é tão excitante amar um menino, é porque esse outro de si entregue ao Outro refere-se a uma potência paterna talvez violenta, mas salvadora. O amor intenso da mãe só mais despertou uma identificação com um pai não simbolicamente, mas sexualmente ausente, mecanismo sem o qual não se compreenderia a excitação sexual sentida por homens.

Acabamos de examinar quatro posições, que eclodem na infância: a urgência da identidade sexual e a da eleição de um objeto correspondente distribuem diferentes escolhas: a da "heterossexualidade", da "homossexualidade feminina ativa", "masculina passiva ou ativa". No tempo da infância, essas escolhas pertencem ao tronco comum da perversão polimorfa, que se distingue da perversão propriamente dita. O objetivo da primeira é transigir com a angústia da castração materna, graças à sexualidade pulsional e a uma identificação com o pai vivo. Qualquer outra coisa é a perversão "adulta", que trata do pai morto: este último não é simbolizado pelas vias do sintoma ou do nome como na neurose. É eternizado graças aos fetiches, e essa sobrevivência pereniza a sexualidade pulsional anterior (embora mude de sentido).

A "perversão" da infância não tem o sentido psiquiátrico pejorativo que lhe é reservado por seu uso comum. Esse termo significa apenas que a tarefa da sexualidade infantil é realizar o desejo do Outro materno, isto é, a negação [*déni*] de sua castração. Essa tarefa desconhece completamente a relação sexual, no sentido habitual do termo. Ela quer apenas realizar o Um do Outro materno, essencialmente pelas vias da pulsão (fazer uma criança oral ou anal). Mas "fazer um" pode se imaginar igualmente graças à completude do casal, isto é, emparelhar masculino e feminino. Essa solução não contradiz essa ausência de relação sexual. O belo casamento também faz parte das teorias sexuais infantis, embora seja sempre em branco.

Seja como for, os três tipos "de homossexualidade" descritos até agora correspondem à perversão polimorfa da infância e funcionam conforme suas teorias sexuais, para as quais a questão da reprodução se regra pela via pulsional (ter uma criança oral ou anal). Segundo essas teorias, o inconsciente não conhece a diferença dos sexos e funciona na mesmice. Em conseqüência, esses tipos de homossexualidade desconhecem totalmente o desejo de ter uma criança que é o feito da neurose, a título de tentativa de resolução da angústia de castração que é provocada pelo amor pelo outro sexo[5].

Enquanto dura a fase de latência, a estrutura tal como será mais tarde (psicótica, neurótica ou perversa) permanece marcada pela perversão polimorfa da infância. Além disso, embora as escolhas sexuais (identificação e objeto) já pareçam bem decididas, elas não definem o futuro. No fim da fase de latência, as escolhas podem se confirmar sob forma de uma fixação da perversão polimorfa da infância. Uma das homossexualidades pode afirmar-se, mas pode também, após um certo tempo de atividade durante a adolescência, virar heterossexualidade mais ou menos firmemente estabelecida. A maioria das crianças ou dos adolescentes manifestou num momento ou noutro tendências homossexuais, que se confirmaram ou não posteriormente, ao mesmo tempo que a escolha da neurose, da psicose ou da perversão torna-se legível.

[5] Disso concluiremos que, se um homossexual deseja ter um filho, é na nostalgia da heterossexualidade (a imensa maioria dos homossexuais teriam por muito tempo preferido não sê-lo). Até uma idade relativamente avançada, a maioria dos homossexuais não aceita sua homossexualidade, e a idéia de ter filhos como os heterossexuais é testemunha dessa recusa. Exprime-se, assim, uma nostalgia de não poder acertar a dívida que têm para com os próprios pais, dando-lhes filhos.

Além da eterna origem do horizonte transexual, a lógica da sexuação permitiu delimitar até agora três tipos de homossexualidade: uma "homossexualidade feminina ativa" e duas "homossexualidades masculinas: ativa e passiva". O espírito de simetria gostaria que existisse também uma homossexualidade feminina passiva; ora, essa categoria constitui problema do ponto de vista da lógica da sexuação, já que se vetorializa inteiramente a partir do agente da castração, isto é, o pai. Entende-se bem que possa existir para um homem uma "homossexualidade passiva" em relação ao pai, mas, se for o caso para uma mulher, isso se chama, é claro, heterossexualidade. No entanto, a homossexualidade feminina passiva é uma prática corrente e deve encontrar seu lugar na lógica da sexualização. A fim de progredir, tentemos elucidar a seguinte questão: por que uma mulher se deixaria amar por uma de suas irmãs, e isso a título de mulher? A clínica leva a fazer uma observação suficientemente geral: quando uma mulher se faz a presa de uma homossexual ativa, é constante que essa posição alterne com episódios de heterossexualidade ortodoxa. Tudo se passa como se uma decepção do amor heterossexual tivesse como conseqüência um episódio de homossexualidade, e isso durante algum tempo etc. Um certo número de mudanças de objetos se sucedem assim (mas uma fixação pode também acontecer). Essa desilusão em relação a um homem sucede a uma decepção mais antiga em relação ao pai: o pai provoca uma excitação sexual e, como ele não satisfaz, entende-se o desapontamento. O pai decepciona no momento em que ocorrem as primeiras regras (de que o pai com freqüência não é informado). As regras significam a ausência da criança esperada dele e entende-se o motivo de uma decepção cuja conseqüência "regrada" é a homossexualidade como primeira etapa da vida amorosa feminina. A decepção leva a deixar-se amar como mulher por uma homossexual ativa. Com efeito, esta última pode pretender, a mais de um título, dar lições ao pai falho, já que ela representa um dos estereótipos de sua idealidade: todo neurótico imaginou, num momento ou noutro, que seu pai era um homossexual ou um impotente (já que ele não passa ao ato com ele ou ela). O homossexual, seja qual for o sexo, é, assim, um digno representante do pai. Tanto que o homossexual é um objeto de interesse para numerosas mulheres, que adoram amigos desse gênero. Mulheres homossexuais ativas podem, pois, pretender o primeiro lugar nessa encarnação do pai. Elas significam à sua maneira não só que o pai é um impotente, mas, além disso, que ele pode ser substituído com proveito por uma mulher, que sempre vai se virar melhor que ele em matéria de gozo sexual. A homossexualidade feminina, longe de zombar do pai, busca, ao contrário, substituí-lo, em razão de alguma decepção exógama.

A existência de uma heterossexualidade alternando com uma homossexualidade passiva permite dar um passo a mais, o de qualificar esse tipo de homossexualidade feminina passiva "de adulto", já que, para ter acesso a ela, é preciso primeiro passar pelo amor de um homem decepcionante. É uma homossexualidade que sucede a uma heterossexualidade decepcionada – como é o caso, por princípio, com o pai: o momento homossexual feminino é a condição exógama da passagem à idade adulta. Já vimos que a heterossexualidade masculina adulta supõe, também, a passagem anterior por uma homossexualidade latente ou manifesta. Mas, do lado masculino, não é a decepção que comanda a passagem à heterossexualidade: é a angústia de ser feminilizado.

Uma homossexual "adulta" com freqüência faz casal com uma homossexual ativa por identificação com o pai (articulada à perversão polimorfa). Mas duas mulheres homossexuais adultas também podem preparar-se juntas, porque essa homossexualidade feminina é passiva da mesma maneira que a feminilidade: ela é ativamente passiva. Cada uma das parceiras pode trocar com a outra seu amor pela mulher. Além disso, uma identificação masculina também faz parte dessa homossexualidade adulta, não por identificação com o pai mas com o homem, por luto do homem decepcionante. Há passagem à homossexualidade por identificação com o homem a fim de fazer o luto, colocando-se em seu lugar e comportando-se com uma mulher da mesma maneira que teria sido preciso que ele o fizesse. Com efeito, uma vez qualificada "de adulta" essa homossexualidade feminina passiva, percebe-se que ainda existe outra espécie que é igualmente "adulta" e sucede à decepção (é a da jovem homossexual de Freud). É que a perda de um homem – embora ele até fosse decepcionante – acarreta um luto do qual um dos avatares possíveis será uma identificação com ele, ou pelo menos com o masculino. Possuímos, assim, uma forma "de homossexualidade feminina ativa adulta", que sai, ela também, do quadro da perversão polimorfa da criança.

Esse conceito de homossexualidade "adulta" pode parecer bizarro. Ele tem o interesse de se distinguir dos três primeiros tipos de homossexualidade descritos anteriormente, que são endógamos e prolongam o fim da infância, da mesma forma que as fantasias da perversão polimorfa dos anos infantis. As escolhas de objetos são então duplicatas imediatas dos personagens parentais. Em compensação, a heterossexualidade masculina e feminina, da mesma forma que a homossexualidade passiva e ativa feminina que merecem ser qualificadas de adultas, atravessam primeiramente os tormentos do fim da fase de latência, antes que suas escolhas se imponham. Elas se situam na solidão. Essa homossexualidade feminina "adulta", que é a mais freqüente, distingue-se fortemente daquelas das lésbicas militantes. Além de ser mais difundida que a homossexualidade masculina (ela é de estrutura) e compatível com a heterossexualidade; a homossexualidade feminina adulta não se apóia e dificilmente se reconhece na subcultura lésbica. Tanto a maioria dos homossexuais está ligada à cultura "gay", na qual se vê uma justificação e uma proteção, tanto a maior parte das mulheres homossexuais disso se desinteressa totalmente.

Podemos encontrar uma prova indireta da diferença entre o caráter "adulto" da homossexualidade feminina e a homossexualidade dos homens, da qual o essencial das práticas permanece na perversão polimorfa da infância. Um comportamento distinto em matéria de fidelidade exprime bem essa distinção. Se acreditarmos nas estatísticas do "*Que sais-je*", 90% dos homossexuais homens estão acostumados a encontros totalmente desprovidos de sentimentos e ao longo dos quais a conversa se reduz ao mínimo. É particularmente o caso nos lugares privilegiados onde o reconhecimento mútuo é imediato. Um número importante de homens homossexuais, sem dúvida aqueles que se alinham na homossexualidade perversa polimorfa, dedicam-se exclusivamente a esse tipo de relação. A infidelidade é a regra para eles, ao passo que, ao contrário, a fidelidade rege a homossexualidade feminina[6]. Certo, perguntamo-nos por que a fidelidade deveria ser consi-

[6] Os homens teriam, em média, quinze parceiros por ano, contra uma única para as mulheres durante o mesmo período. Do lado feminino, além disso, só 20% das mulheres homossexuais praticam o tipo de encontro precitado. Ainda que as estatísticas com freqüência sejam suspeitas, a distância importante a separar os dois comportamentos é significativa de uma diferença de posição que é corroborada pela clínica.

derada um sinal da idade adulta! Na realidade, é menos a fidelidade que a culpa que merece consideração. Com efeito, a infância se diferencia da idade adulta na relação com a culpa. Para a criança, um sentimento de inocência prevalece, ao passo que o peso da dívida e da culpa pesa após o fim da fase de latência. O amante experimenta uma culpa de provocar o amor, e esse sentimento tem como conseqüência a fidelidade ("como você sofre por me amar, sou fiel a você"). E isso tanto mais que o narcisismo pede ao amor para ser único, e que ele pague essa unicidade em contrapartida. A unicidade da ligação requerida pelo narcisismo é acompanhada de um sentimento de culpa que faz sua longevidade.

Mas há outra razão que valoriza a fidelidade do lado feminino. A homossexualidade feminina "adulta" está articulada à angústia de castração e não a sua negação. Ao fim da fase de latência, o pênis é esperado de um homem: ele sempre decepciona, já que o primeiro da série (aquele a partir do qual ela bifurca para a exogamia) é ninguém menos que o pai. Endogamicamente, este último recusa o pênis à filha. Segue-se uma rejeição física sofrida com mais ou menos violência, que terá como contraviolência um tempo primeiro de homossexualidade. Neste caso, o fato de amar uma mulher como um homem deveria tê-lo feito servirá de base de retirada e funcionará como um equivalente de ter o pênis. O *amor* palia então a angústia de castração e substitui a inveja do pênis, daí a loucura embriagante desse amor da jovem por uma de suas semelhantes, e esse amor, porque vem no lugar da inveja do pênis, será, portanto, sexual no sentido da excitação fálica clitoridiana. Mas, contrariamente à homossexualidade masculina, ele terá o amor como condição prévia. A homossexualidade feminina adulta começa quase sempre após a puberdade, em continuidade a uma amizade romântica que desemboca em seguida numa atividade sexual. O mesmo não ocorre com os homens homossexuais, cuja grande maioria privilegia a sexualidade em detrimento do amor ou da amizade. Entende-se melhor, então, a fidelidade das mulheres homossexuais, já que a condição resolutória da inveja que elas têm do pênis é o amor. O amor está em primeiro plano na homossexualidade feminina adulta e procede diretamente de uma fantasia de masculinização. A homossexualidade masculina, em compensação, se passa ao ato também na entrada da fase de latência, não tem nem um pouco como condição o amor (no lugar da inveja do pênis), mas uma passagem iniciática: para ter acesso à virilidade, trata-se de identificar-se com a impessoalidade paterna, passagem marcada pelos laços homossexuais com outros meninos. Como o pai sexual em questão não é o pai do nome, essa fase permanece no campo da perversão polimorfa (é preciso outra fase, simbólica, para a saída da adolescência).

As jovens começam por amar outras jovens, por causa da decepção do pai, embora quase sempre não fiquem decepcionadas por muito tempo e se deixem de novo ir à esperança. Um homem saberá lhes fazer brilhar uma satisfação para a inveja do pênis por vias mais conformes à anatomia, especialmente na medida em que o homem exógamo lhes promete a morte do pai decepcionante. Uma condição de passagem à heterossexualidade é, pois, a possibilidade de um luto do pai. O luto identificatório com o pai (que com tanta freqüência faz as crises místicas da adolescência) pode não ocorrer em certas condições, pois ainda é preciso que haja pai para matar, o que não é o caso quando se apresenta um certo tipo de ausência paterna (por exemplo, um pai pouco presente ou dito "depressivo"). Nessas ocorrências, a homossexualidade prossegue seu caminho, geralmente sob a conduta de uma homossexual "ativa". Como a jovem mulher agorafóbica, que passara do lar familiar ao de uma mulher dez anos mais velha. Além do serviço sexual, ela lhe assegurava ajuda e proteção durante suas saídas para o exterior. A primeira entrevista preliminar foi bastante para que ela se desse conta de que o fato de estar fora a fazia circular não só no mundo dos homens, mas a identificava com um traço paterno. Com efeito, a profissão de seu pai o levava a ficar nas ruas durante o dia inteiro, mas essa função antes desvalorizante e, além do mais, obtida por vias pouco gloriosas proibia-lhe qualquer identificação com esse pai. Ela ficava em posição de objeto passivo dessa homossexual ativa. Teve na noite seguinte um sonho no qual, achando-se na rua, estava tomada por uma viva excitação sexual ao pensar na mãe.

Pode-se agora perguntar como se realiza a passagem dessa homossexualidade à heterossexualidade da maioria das mulheres, da mesma forma, aliás, que seria preciso elucidar como ocorre a alternância entre homossexualidade e heterossexualidade (correntemente observável na clínica). Se examinarmos superficialmente o fenômeno, a passagem à heterossexualidade parece comandada pelo fato de que um homem ama essa mulher e sua paixão prevalece em relação à tendência homossexual daquela que ele ama. Mas essa bela fenomenologia do príncipe encantado tirando sua bela adormecida do bosque da letargia de sua decepção nada diz das fantasias inconscientes que lhe dão o ritmo. É que o homem ama uma mulher sobre a qual pressente que ela ama outra mulher. Seu amor não tem essa pureza etérea dos contos para crianças. Ele corresponde à fantasia masculina de estar preso entre duas mulheres, como mostrou o exemplo clínico precedente. Se a homossexualidade feminina adulta se impõe ao fim da fase de latência, um homem pode fazer pender a balança a seu favor, menos, aliás, pela maravilhosa virtude de seu amor que graças à proporção das fantasias masculinas e femininas relativas à Outra Mulher. O amor só faz bascular a homossexualidade para a heterossexualidade na medida em que as fantasias masculinas e femininas concordam num ponto. A mulher masculinizada ama uma mulher no despeito do pai. De seu lado, o homem busca resolver sua heterossexualidade graças ao amor de uma mulher (que o representa) amando outra mulher. Duas mulheres lhe são necessárias para ele mesmo ser um homem. Amar uma mulher que ama uma mulher corresponde à fantasia do homem. E a mulher também pode continuar através dele seu sonho de amar outra mulher. Usando seu perfume, o homem registra na conta do heterossexual a tendência homossexual. Mas ele vai permanecer potencialmente decepcionante, pois a homossexualidade feminina não abandona a partida: ela se transforma em ciúme para com a rival, jamais ausente do mais confiante amor. Seja como for, essa passagem à heterossexualidade permite se apoderar do pênis por outras vias que a do amor de uma mulher.

Podemos examinar a passagem da homossexualidade à heterossexualidade no exemplo clínico dessa jovem, em relação à qual acontece de o ciclo homossexualidade/heterossexualidade articular-se também com sua vocação médica (pelas vias da angústia de castração). Ao vir me ver, ela acabava de interromper bruscamente suas atividades. Assumia responsabilidades de alto nível num serviço de urgência cirúrgica. Devia enfrentar todos os dias a morte iminente de seus pacientes e com freqüência tinha que assumir riscos importantes. Interrompera tudo porque aquela confrontação com a morte bruscamente se tornara insuportável para ela. Num único dia, uma porcentagem importante de casos extremos tinham passado da vida à morte, apesar de seus esforços, e ela precisara tirar uma licença imediatamente. Um colega lhe havia prescrito doses significativas de ansiolíticos. A causa dessa interrupção não parecia evidente? E as primeiras sessões foram dedicadas à narração dos atos cirúrgicos que ela tivera que fazer, numa urgência penosa, com efeito. Bem rápido, entretanto, pedi-lhe para me descrever as circunstâncias exatas dessa interrupção, e suas associações foram tais que ficou claro que o desencadeamento ocorrera no mesmo momento de uma virada da homossexualidade à heterossexualidade.

Ao terminar os estudos, ela passara a viver uma relação bem passional com uma mulher, e isso até o dia em que encontrara um homem muito apaixonado e atencioso com ela. Fora esse amor que mudara sua vida, e foi justo após ter mudado para viver com ele que suas angústias quanto ao lugar de trabalho tinham se desencadeado. Mas esses acontecimentos talvez só tivessem coincidido fortuitamente, pois ela se acalmava ao voltar para casa. Perguntei-lhe então quando aparecera seu desejo de ser médica. O que representava para ela o fato de salvar vidas humanas? Como se estivesse apenas esperando essa pergunta, começou a me falar de uma série de acidentes ocorridos em sua infância. Além do mais, era preciso também contar uma operação das amígdalas quando tinha 3 anos: não era um acidente, mas de qualquer modo era um, pois isso a havia enormemente impressionado. Segundo ela, tinha sido naquele momento, quando as amígdalas lhe haviam sido apresentadas numa pequena bandeja, que ela teria decidido que também seria médica mais tarde, e até cirurgiã. Mas por que uma experiência tão traumatizante deveria tê-la levado a exercer uma profissão traumatizante? Essa questão que eu acabava de colocar continuava sem resposta, a não ser através de uma associação: na verdade, tinha havido ainda algo mais traumatizante, quando ela havia tido também aquela hérnia, à qual deu um nome que me deu um sobressalto. Ela chamou aquilo de uma "hérnia ovariana".

Eu havia cometido um daqueles erros que, no entanto, têm efeito positivo, porque levam o analisando a desvelar uma verdade que está recoberta por esse erro. Eu conhecia diversas espécies de hérnias, mas a espécie "ovariana" não fazia parte de minhas lembranças e achei que ela estava confundindo com a hérnia inguinal, bem banal na infância. Como as operações nessas hérnias quase sempre são a ocasião de angústia de castração nos meninos, eu me perguntara então se ela não estava inventando essa simetria da hérnia ovariana, dando forma, dessa maneira, a um gênero especial de *penisneid*. O mais interessante é que, vendo minha surpresa, ela própria hesitou e logo ficou convencida de que acabava de se enganar de hérnia e que ela devia ter sido operada de uma hérnia inguinal, com certeza por volta dos oito anos. Depois, aumentando sua hesitação a respeito dessa lembrança, ela então se perguntou se não inventara a hérnia ovariana por causa de um paralelo com a ectopia testicular. De modo que esse breve instante de incerteza desembocava em seu voto de infância de ser menino e esse desejo estava diretamente articulado à sua vocação de cirurgiã, *via* angústia de castração. Segurar o bisturi supostamente evitaria que ela a sofresse e essa masculinidade fantasmática havia guiado a um só tempo sua escolha de objeto e seu desejo de ser médica. Em seguida, a escolha heterossexual havia, em seu tempo, abalado o desejo de salvar vidas, notadamente a vida do menino que ela gostaria de ter sido. Esse desejo se tornara angustiante, já que doravante era contraditório com seu amor atual. Dando o índice do valor de verdade dessa articulação, sua angústia diminuiu em algumas sessões.

Ao termo desse exame das diferentes homossexualidades, e embora ela não aparecesse em primeiro plano, não se pode eliminar uma homossexualidade masculina adulta. Naturalmente, existem homens neuróticos, histéricos ou obsessivos, cuja homossexualidade conhece seus mais belos dias na adolescência, formando a porta de acesso ainda endogâmica da passagem à exogamia. É ela que é o motor da heterossexualidade a título de seqüência lógica da homossexualidade endógama. Além dos episódios de homossexualidade iniciáticos da adolescência, a escolha homossexual pode perseverar transitoriamente, ciclicamente, ou mais tempo. Nesse caso, a homossexualidade exige o amor a título prévio e as práticas sexuais são apenas uma conseqüência contingente, e quase sempre muito limitadas (exceto a título de experiência, a sodomia ativa ou passiva em geral estão excluídas). O amor fantasístico pelo homem pode desabrochar quase sem passagem ao ato ou até sem sexualidade alguma. Com efeito, a sexualidade pode então ser inibida, embora a escolha de objeto amoroso esteja decidida. Vemos a diferença com a homossexualidade feminina adulta, que é quase sempre acompanhada de passagens ao ato (o amor aí vale como *penisneid*).

Na histeria neurótica (o comum dos homens), é constante que a homossexualidade endogâmica recalcada leve a uma heterossexualidade exogâmica. No mito de Dom Juan, certos psicanalistas rotularam, um pouco rápido demais, Dom Juan como um homossexual que escaparia à norma. Esse herói mítico, ao contrário, só faz mostrar o lugar da questão do pai na heterossexualidade comum e como ela está em jogo na conquista de cada mulher. Esse pai impõe sua lei, apresente-se ele sob as roupas do Comandante ou sob as de um pai eterno de quem o sedutor se torna o servo, na hora de entrar no convento. Essa posição histérica masculina tem os mesmos objetivos da sedução feminina, da qual ela apresenta, aliás, a mesma fenomenologia. Se o amor pelo pai leva a uma heterossexualidade imperativa, ela não exclui a homossexualidade, que permanece sendo seu ponto de regressão potencial: cada vez que a situação requer o amor pelo pai, a mesma homossexualidade da adolescência pode renascer de suas cinzas.

Essa posição do problema na histeria se distingue daquela na neurose obsessiva. Com efeito, nesse caso, a morte do pai é a ocasião de uma dúvida constante cuja conseqüência é a possibilidade de fixação a um objeto de amor masculino. Mas esse amor será fortemente deserotizado pela passagem à própria neurose adulta. Em sua generalidade, a neurose se desenha numa ambivalência em relação ao pai: este último é amado por salvar e é detestado por ser um rival. O amor incita à homossexualidade, ao passo que o ódio, engendrando um recalque do amor, incita à heterossexualidade (é a posição histérica). Na obsessão, em compensação, o amor pelo pai constantemente acompanha a fantasia de seu assassinato, sem que um ou outro desses termos seja recalcado. De modo que a sexualidade acaba mais ou menos violentamente inibida (ela está quase sempre limitada ao onanismo). O amor pelo pai leva a uma escolha de objeto masculino, ao passo que a fantasia de seu assassinato, que teria favorecido a heterossexualidade, é segura pela manga por esse amor. Entende-se, pois, que a fixação homossexual deserotizada seja uma das apresentações da dúvida obsessiva.

Um amor acompanhado de uma inibição erótica às vezes global habita a homossexualidade masculina em sua vertente obsessiva[7]. Essa consta-

---

[7] Disso encontramos um bom exemplo no filme *Morte em Veneza*, de Joseph Losey, cujo herói admira um jovem com o qual não acontece nada, sua inibição atingindo seu ponto máximo no momento de seu falecimento: a estética é o que fica da inibição sexual.

tação é conforme ao que, a respeito de Leonardo da Vinci, Freud nota ao descrever um certo tipo de relação familiar de homossexuais: "Uma fortíssima ligação erótica com uma mulher, quase sempre com a mãe, ligação suscitada, favorecida pela ternura exagerada da própria mãe, reforçada em seguida pelo apagamento do pai da existência da criança". O ponto de fixação da homossexualidade neurótica procede da dúvida relativa à morte do pai, acontecimento simbólico tornado incerto pela proximidade incestuosa com a mãe. A mãe do obsessivo não põe a criança no lugar do falo que lhe falta, mas no lugar de um homem que poderia lhe dar o pênis. Por isso, é ela quem elimina o homem que é seu marido, embora ele seja ao mesmo tempo o pai da criança. Disso resulta, para essa criança, uma dúvida constante sobre o estatuto paterno. Ela teria que acabar com esse pai como o exigiria o voto edipiano, mas é preciso ao mesmo tempo que esse pai viva para manter seu lugar: disso resulta uma dívida de amor imensa em relação ao pai, já que o pai deve salvar não da posição de ser o falo, mas da posição de ser o marido da mãe. Como é a posição de marido da mãe que é central, o que qualifica esse marido é ser um homem *antes* de ser um pai. Daí procede a fixação potencial a um amor pelo homem, aliás sem cessar colocada em dúvida, logo inibida, já que atrás do homem se perfila o pai que a criança espera desencavar. Notemos ao mesmo tempo o laço consubstancial desse amor inibido com a fantasia de cena primitiva: na cena primitiva, o pai é primeiro um homem, antes de ser um pai. É um personagem sexual, um marido, e é a esse título que ele desencadeia o amor. Aliás, não se compreenderia por que a cena primitiva deveria ser fonte de gozo para aquele que a olha sem essa característica. Ao mesmo tempo, esse homem é regularmente apagado da cena em proveito do gozo feminino, objeto de toda a atenção. Há, portanto, uma ligação consubstancial entre a cena primitiva e esse tipo de fixação a um amor pelo homem a título de pagamento pela dívida de matar o pai. O obsessivo mergulha de cabeça na dívida na cena primitiva. Na neurose obsessiva, a inibição sexual sempre pode ser suspeita de comportar tal dimensão de homossexualidade latente. Poderíamos reler desse ponto de vista a *Gradiva* de Jensen, já longamente analisada por Freud, e que mereceria um comentário suplementar a que poderíamos dar como subtítulo: "Gradivus".

Ao termo desse percurso, a estrutura engendra geneticamente um certo número de posições homossexuais sob a pressão da angústia de castração. Enumeramos, a partir do transexualismo, a homossexualidade feminina ativa, masculina ativa e passiva, no que diz respeito à vertente da perversão polimorfa da infância. Após a fase de latência, detalhamos as hipóteses da homossexualidade feminina passiva e ativa, da mesma forma que a homossexualidade masculina ativa e passiva. Resta uma última questão a encarar: a referência do acasalamento sexual à dívida e à castração coloca uma questão teórica de fundo: é possível considerar que o acasalamento, ainda que se referisse a dois sujeitos de mesmo sexo anatômico, sempre colocaria em jogo a relação homem/mulher? Um casal homossexual não supõe por princípio um emparelhamento masculino/feminino, a título de um paradigma da completitude? Com efeito, todo sujeito se reconhece num dos dois sexos e, se experimenta desejo por um sexo idêntico ao seu, sempre será em relação à diferença sexual masculino/feminino. Ainda que um casal seja anatomicamente homossexual, um dos dois representa a mulher e o outro o homem, já que é a cada vez a completitude imaginária em relação à castração que é excitante e motiva o erotismo. Para o ser humano, a excitação sexual nada tem de natural e resulta da angústia de castração, isto é, implicitamente de uma relação com o outro sexo. Poderíamos imaginar que possa existir um sentimento amoroso sem conseqüências sexuais e, se fosse possível, então o amor pelo mesmo sexo não remeteria forçosamente a um emparelhamento homem/mulher. Querer fazer casal corresponde a uma demanda de unicidade, cuja conseqüência é a exclusividade do amor e do serviço sexual. O objeto amado é único para aquele que o ama, e essa unicidade tem a vantagem de provar-lhe a própria unicidade de seu corpo. Se esse amor não tivesse conseqüências sexuais, não haveria razão para que se referisse ao masculino e ao feminino.

Mas o amor que se origina da perda de gozo do corpo do recalque primordial (*i.e.* da castração materna) comporta automaticamente conseqüências sexuais: ele violentamente põe em jogo o narcisismo, isto é, a identificação fálica, e esta última vai buscar sua solução graças à sexualidade: graças a uma passagem da significação fálica do corpo inteiro à do pênis ou do clitóris como órgão fálico. A partir do momento em que o casal comporta as conseqüências sexuais do acasalamento, a castração está em jogo e coloca, então, a questão do outro sexo. A sexualidade busca a solução do que há de insuportável no amor. Ela o faz pondo em cena a relação do ser e do nada que são conjugados no símbolo fálico e são postos organizados nas formas da diferença masculino/feminino. E se, no amor sexual, a oposição do ser e do nada com o qual se defronta o narcisismo busca dialetizar-se numa relação homem/mulher, a castração sempre estará em jogo na excitação sexual. É a diferença masculino/feminino que comandará todo erotismo.

No quadro da perversão polimorfa ou da perversão, a própria excitação sexual resulta da negação dessa heterossexualidade, de modo que ela está presente enquanto completamente oculta: se perguntarmos aos parceiros de um casal homossexual se eles se vivem como homem ou mulher na relação deles, é freqüente ouvir como resposta que cada um dos dois ama um homem enquanto homem. Embora dois parceiros sejam do mesmo sexo, suas fantasias inconscientes podem atribuir-lhes sexos opostos. Bem mais, a própria passagem ao ato oculta a diferença quando cada um trata o parceiro como a ele mesmo faltou ser tratado. Um jovem, por exemplo, tratará outro jovem como uma mulher, isto é, como o que faltou a ele mesmo se tornar, enquanto que, exatamente no mesmo momento, seu parceiro agirá da mesma forma com ele. De modo que a diferença masculino/feminino bem estará em jogo nessa relação homossexual, mas permanecerá não visível: se perguntarmos a cada um dos protagonistas a que título ele ama seu parceiro, ele responderá que é enquanto homem que ele deseja um homem. A diferença terá sido negada na operação. Bem mais, essa negação é seu objetivo, que comanda sua erótica.

Do desejo de criança

Claude Dumézil

O que significa para um homem e/ou uma mulher ter uma criança?

O que de mais natural quando se vive em casal do que fundar uma família, já que na tradição é mesmo com esse objetivo que um homem escolhe uma mulher, e reciprocamente, para ser a mãe ou o pai de seus filhos.

O fato de que solteiros, mulheres, é verdade, quase sempre, possam desejar – ou resignar-se – passar sem o outro sexo para ter um filho afasta-se um pouco desse esquema tradicional e questiona o que aconteceria com um desejo de criança próprio a um indivíduo, seja qual for o sexo, não acompanhado, sustentando sozinho o projeto de uma família dita monoparental.

Um projeto adotivo, nessa opção monoparental (da qual ele não é a única hipótese), levanta várias questões quanto ao conceito mesmo de família ao estendê-lo, para a criança a vir, aos ascendentes e aos colaterais de seu pai ou de sua mãe adotiva. A adoção privilegiando, então, ou o enriquecimento por um elo novo da cadeia geracional já existente, ou a transmissão, de pessoa (grande) a pessoa (pequena), dos valores que foram dados pelos pais ou que foram descobertos e construídos por si mesmo.

Outra questão – subsidiária – que a clínica permite às vezes colocar-se é se, em certos momentos, famílias biparentais clássicas não seriam apenas a justaposição inconsciente de duas famílias monoparentais, em torno de uma criança única ou de várias crianças, mesmo quando não se trata, como se diz hoje, de família "recomposta".

Em outras palavras, a partilha do desejo de criança não é quantitativa ou qualitativamente garantida e a noção de família não é redutível a seu caráter socialmente celular ou afetivamente caloroso; ela é atravessada por essa questão do desejo de um homem e/ou de uma mulher de ter uma criança incluída (ou não) no amor que esse homem tem por essa mulher e reciprocamente. Todos sabem que esses parâmetros nem sempre estão assim ordenados ou que não o estão necessariamente de uma vez por todas.

Evocaremos mais adiante a distinção entre ter e apropriar-se[1], entre a posse e a identidade, estando bem claro que é essencial para cada um marcar sua posse e seu pertencimento: antes de sermos criança-sujeito, somos a criança de alguém e esses tempos lógicos e cronológicos se reencontram no tempo do desejo de ter uma criança e, notadamente, na adoção, quando esse tempo do desejo passa pelo pedido de consentimento.

A questão do desejo só indiretamente é abordada. Com freqüência, os casais que procuram a adoção fazem isso após uma constatação de esterilidade e o tempo adicional de um luto da fecundidade de um ou do outro. Os homens, cuja paternidade não implica no corpo acontecimentos fisiológicos comparáveis à gravidez e às angustiantes, enigmáticas, dolorosas e maravilhosas etapas de fazer uma criança, situam esse luto antes do lado da continuidade de uma linhagem, inquietos com o fato de que a preponderância do papel simbólico da função paterna possa ser ameaçada pela existência de um genoma ou de um código genético desconhecidos, na criança adotada, como se toda procriação não comportasse uma parte imensa de desconhecido, por mais longe que se remonte na árvore genealógica. O luto de uma gravidez parece menos tomado no imaginário genético. A pregnância, é bem a palavra que aqui convém, do real da experiência da gravidez e de suas seqüências obstétricas nada tem de imaginário. A intimidade e a simbiose feto-materna tampouco.

A idéia, depois a decisão de adoção numa mulher implica uma dupla aceitação: primeiramente a renúncia a essa maternidade biológica que, para muitas, representa a realização da sexualidade e da feminilidade, confortada nessa idéia por um imaginário vindo da origem dos tempos, e pela condescendência amorosa daqueles que foram filhos antes de serem homens, amantes e pais. A sociologia, a psicologia, a etnologia e o estudo dos mitos

---

[1] *Scilicet* 2-3, p. 147.

mostram os múltiplos modos de incensar e de valorizar a mulher-mãe como condição prévia ou álibi para a instauração de uma organização patriarcal, de uma *soi-disant* supremacia masculina, até mesmo de uma concepção machista do equilíbrio ou do desequilíbrio masculino-feminino no casal ou na sociedade.

A segunda renúncia da adotante é, na verdade, uma aceitação: que seja outra mulher que tenha carregado a criança de que ela vai ser a mãe, a mãe única, a verdadeira, no lugar – e não às expensas – daquela que deu à luz essa criança e que, por razões conhecidas ou desconhecidas, se retirou dessa função materna quase sempre no interesse vital da criança. Esse ponto será retomado na entrevista com os adotantes, para ajudá-los a clarificá-lo para eles mesmos e antecipar quanto à conduta a ser posteriormente sustentada em face das perguntas do adotado quanto àquela que o pôs no mundo dez, quinze, vinte ou trinta anos antes (não há limite de idade nem de prescrição para uma curiosidade que, por ser legítima, não é menos problemática e quase sempre irrealista, o que compreende a grande maioria daqueles que viveram sua adoção no equilíbrio e no calor de um lar verdadeiramente familiar).

A metapsicologia freudiana nos ensinou que toda demanda comporta uma parte importante de demanda de amor. Ela põe em perspectiva essa demanda, conotada do lado do ideal e do imaginário com a necessidade referida a um real, e esse desejo, do qual falamos a respeito do desejo de ter uma criança, mais referido na vulgata psicanalítica à dimensão simbólica daquilo que se fala, daquilo que é tomado na ordem do discurso e que é verdadeiramente específico do ser humano.

Adotar uma criança ressoa conscientemente e no inconsciente nesses três registros: nenhum deles falta, mas o mais importante é o terceiro, simbólico, na medida em que é ele que permitirá o nascimento da criança na linguagem, a experiência relacional princeps fundadora de sua identidade sexuada que ocorre na relação com o pai de sexo oposto e na identificação com o do mesmo sexo.

A entrada progressiva, depois a saída, por volta de 6 anos, dessa experiência dita edipiana é a pedra angular que sustenta o edifício particular que cada ser humano espontaneamente constrói em sua relação com os outros.

A alteridade no homem e seu pequeno não é de linguagem no sentido instrumental do bem falar ou do bem ouvir, mas no sentido de estar bem em sua fala (um pouco como dizemos "numa boa"!), isto é, aí estar como sujeito desejante, justamente com uma consciência emergente, coerente e com um inconsciente fervilhando de representações de objetos, imagens, marcas pulsionais e fragmentos de linguagem trazidos pelo recalque, significantes elementares desconstruídos, ordenados conforme uma combinatória específica, material ignorado de nosso dinamismo psíquico, de nossa inteligência e de nossa personalidade.

Esses significantes são os elementos de uma estrutura inconsciente de onde se originam desejos e sintomas que pesam muito na determinação de nossos atos, notadamente quando se trata da colocação em tensão harmônica de um desejo de criança, de procriar ou de adotar uma criança, com o que, até então, impediu ou reteve esse salto para frente que nos faz passar do estatuto de criança de alguém(ns) a pai(s) de alguma criança.

Aqui, a adoção desejada por uma pessoa solteira pode nos ensinar algo: com efeito, não é raro que uma mulher, chegada à meia idade, logo, jovem ainda, mas para a qual a questão da maternidade permaneceu até então em suspenso, deseje, um ou dois anos após a morte do pai, concretizar seu desejo de criança, não sob a forma de uma gravidez, mas pelas vias da adoção. Iniciativa na qual um pragmatismo de boa estima (a idade limite, os imprevistos de um encontro com um homem confiável e desejando construir uma família) nem sempre mascara o duplo benefício (no sentido inconsciente) de passar sem o homem para realizar esse voto de criança e permanecer numa espécie de fidelidade ao pai, ao nome do pai, para assegurar uma transmissão desse nome, partogeneticamente. Por que não? Mas faltaria aqui a função do terceiro simbólico que muitas mulheres solteiras sabem encontrar na vida social, profissional ou privada para proteger o filho do abafamento fusional caso ele fosse "tudo" para elas fora de qualquer outro investimento intelectual ou afetivo, no reconhecimento evidentemente essencial da realidade não necessariamente do sexual, mas do real da sexuação, isto é, da diferença dos sexos.

O que exclui formalmente, na minha opinião, toda legalização de uma adoção por um casal homossexual de mulheres ou de homens. Nos casos empíricos em que se pode observar tal situação, não instituída mas existente, o outro do mesmo sexo que a mãe ou que o pai é imaginariamente convertido, pela criança, em *mesmo* do outro sexo, dando lugar a catastróficas identificações imaginárias, com uma "mãe" de sexo anatômico masculino ou com um "pai" de sexo anatômico feminino. Desarmonia evolutiva profunda prometida para a criança nesse caso. Exemplo típico mais que realidade. Encontrei uma única vez o caso de uma psicose desenvolvida pelo filho de um pai transexual, separado da mulher, mas ligado a um homem após sua mudança de sexo e de identidade por uma louca complacência cirúrgica que endossou legalmente a perversão de um, o amigo, e o delírio do outro, o pai/mãe, às custas das referências mais elementares de uma criança entre duas mães e um padrasto (– *para com*). Não confundo transexualismo (quase sempre patologicamente narcísico demais para deixar um lugar à própria idéia de uma criança) e homossexualidade, que só se refere à escolha de objeto sexual sem transigir com a realidade da diferença dos sexos sem, no entanto, ser representativa dessa diferença para uma criança.

Respeitamos com determinação essa liberdade da escolha de objeto sexual, aliás mais aparente que real, que não nos parece nem um pouco constitutiva, em si mesma, de perversão, mas pensamos que esta começaria com um projeto familiar, na falta, para o casal homossexual, de representar a diferença dos sexos para a criança, sejam quais forem as substituições imaginadas e sejam quais forem as qualidades morais, intelectuais, afetivas das pessoas em casal, já que não são eventuais defeitos mas o próprio amor delas que contraria a organização edipiana triangular: criança/mulher/homem, estrutura essencial ao desenvolvimento de uma personalidade.

Estamos aqui falando de casais, não de solteiros ou de divorciados, para os quais a solidão de modo algum impede, *in abstentia*, a referência muito forte ao outro sexo e a sua representação no próprio seio do lar de acolhida.

O fato de serem heterossexuais que "produzem" sujeitos homossexuais não é um argumento *a contrario*: a idéia não é evitar a homossexualidade, mas criar as melhores condições para o equilíbrio psíquico de uma criança, sujeito em devir, seja qual for sua futura identidade sexual.

Se um direito ao amor homossexual tem a ver com o respeito à vida privada e, portanto, faz parte dos "direitos do homem", um desejo de criança, de adotar uma criança para um casal homossexual não cria um direito à paternidade ou à maternidade adotiva. A criança é uma pessoa, é sua liberdade que a lei deve assegurar ao limitar, se for o caso, a liberdade das "grandes" pessoas que não mediriam todas as conseqüências metapsicológicas de suas melhores intenções.

Feminilidade e homossexualidade feminina: a retomada do amor

Claude-Noële Pickmann

Desde a publicação, em 1920, do caso da Jovem Homossexual, no qual Freud evocava de cara a "negligência" com a qual a pesquisa psicanalítica tratava a homossexualidade feminina, muitos analistas de tendências e escolas diferentes, ainda que todos se refiram a Freud, tentaram dar conta da especificidade dessa problemática a partir da prática analítica que tinham com mulheres homossexuais. Entretanto, é bem notável que os pontos de vista que ali são defendidos decorram mais de *partis pris* teóricos, quando não preconceitos, que de uma justa compreensão das questões, quanto à feminilidade, que as mulheres homossexuais sustentam através de sua homossexualidade.

Com efeito, só podemos fazer a seguinte constatação: para alguns, a homossexualidade feminina será globalmente reduzida ao complexo de masculinidade da menina e servirá para provar que existe uma estrutura perversa na mulher, o que permanece, hoje, sempre problemático e não demonstrado pela clínica na teoria analítica.

Sem pretender que só os homens facilmente tiveram êxito nessa façanha, acontece que a questão da feminilidade e a falta de identificação com a qual ela confronta as mulheres costuma mantê-las "*père*-versamente" orientadas, naturalmente, se ousamos dizer – isto é, no amor pelo pai –, empurrando-as, quase sempre, para outras soluções, antes neuróticas, notadamente a histeria. Além disso, deve-se bem reconhecer que as mulheres de estrutura perversa, se existem, podem muito bem deixar de se queixar disso a um analista, o que faz com que não as encontremos, ou muito raramente, no quadro de uma demanda de análise.

Para outros colegas, a homossexualidade feminina será apresentada como um avatar da identificação com a mãe na qual uma filha supostamente encontraria uma identidade feminina bem natural. Mas essa hipótese, ao não distinguir a mulher da mãe, apresenta o defeito de curto-circuitar a questão da própria feminilidade, como vamos ver.

Assim, a abordagem da homossexualidade feminina pelos analistas pós-freudianos quase sempre depende, para uns e após Freud, do posicionamento que eles assumem em relação à fase fálica da menina, para outros e após Jones e a escola inglesa, da crença que têm numa feminilidade libidinal constitutiva, que surgiria "naturalmente" através de uma homossexualidade dita então "primária" pelo que ela serve para qualificar a relação mãe/filho quando o filho é uma menina, a pretexto de que elas são do mesmo sexo biológico.

É possível falar "de homossexualidade feminina primária"?

A tese de uma homossexualidade primária na menina na qual se revelaria a disposição à feminilidade é, portanto, correntemente sustentada em toda uma corrente da psicanálise.

De que se trata? De crer que existe uma complementaridade dos sexos e de sustentar essa tese partindo de uma bissexualidade psíquica constitutiva que se manifestaria por uma divisão originária do desejo entre uma corrente homossexual e uma outra, heterossexual.

"O termo libido homossexual designaria primeiramente essa parte da libido orientada na infância para o pai de mesmo sexo"[1], nos diz Joyce McDougall.

Assim, o amor da menina pela mãe como o do menino pelo pai seria homossexual e, ao inverso, o que a menina tem pelo pai e o menino tem pela mãe seria heterossexual.

A isso se acrescenta uma versão estendida à identificação com os pais e visando a questão do ser. "Gostaria aqui de chamar a atenção para um

---

[1] J. McDougall, *Éros aux mille et un visages*, nrf, Paris, Gallimard, 1996, p. 12.

elemento pouco reconhecido", acrescenta J. McDougall, "a saber, que os desejos homossexuais das crianças dos dois sexos sempre têm uma dupla visada: uma é o desejo de *possuir sexualmente o pai do mesmo sexo* e a segunda, igualmente poderosa, *de ser o pai do sexo oposto*, a fim de obter todos os privilégios e prerrogativas de que cada pai supostamente é dotado[2]".

Podemos nos espantar de ver qualificar aqui de homossexuais os desejos oriundos da constituição do Ideal. Com efeito, se esse momento é estruturante da psique humana é porque um sujeito ali se apropria do simbólico por identificação com um Outro constituído como ideal. Essa identificação é estritamente correlativa da tese fálica do inconsciente, cujo primeiro efeito é reconhecer o falo no Outro, o qual, por conseguinte, não pode ser castrado sem anular a própria existência do sujeito que dele depende.

Vale dizer que a questão, aqui, não é de diferença sexual. Não se trata da identificação do sujeito com um sexo ou de sua escolha de objeto sexuado (homossexual ou heterossexual), mas do "nascimento da possibilidade[3]", isto é, da instalação do Outro na estrutura como operador de um mundo possível para um sujeito.

Lembremos a esse respeito a nota que Freud acrescenta em "O eu e o isso", quando ele evoca "a identificação com o pai da pré-história pessoal escondido atrás do nascimento do ideal do eu".

"Talvez fosse mais prudente dizer 'identificação com os pais', pois, antes do conhecimento certo da diferença dos sexos, da falta de pênis, a pai e mãe não é concedido um valor diferente[4]".

Assim, pai e mãe estão, num mesmo movimento, o da negação [*déni*] da castração produzida pela tese fálica do inconsciente, providos do falo. Os dois pais são identicamente fálicos enquanto a diferença dos sexos não intervier como tal. Se essa primeira identificação é constitutiva de um ideal, é porque ela se agarra à figura de um Outro não barrado. O Ideal sempre diz respeito a um Outro idealmente fálico cuja castração é impossível. Essa

2 *Ibid.*
3 J. Lacan, "Subversion du sujet et dialectique du désir", em *Écrits*, Paris, Le Seuil, 1966, p. 808.
4 S. Freud, "Le moi et le ça", em *Essais de psychanalyse*, Pbp, 1981, nota p. 243.

identificação tem por visada imaginária outorgar-se o poder suposto ao ideal, o que não deixa de constatar Joyce McDougall, quando ela observa que, com esse "desejo de possuir sexualmente o pai do mesmo sexo", tratar-se-ia, para a filha, de "comer [a mãe] a fim de possuí-la totalmente e de apropriar-se de seus poderes mágicos[5]".

De modo que, quando a menina pretende fazer um filho em sua mãe, não é "como papai", não é porque, identificada com o pai, ela a isso seria levada por um desejo homossexual (!?), como pensa Joyce McDougall[6], mas porque, num mundo onde há falo universalmente partilhado, ela não deveria ser a única a não tê-lo. Isso mostra sua decisão de fazer parte do conjunto dos seres falantes e seu consentimento na ordem simbólica que o rege. Enquanto sujeito falante, ela supostamente deve portanto possuir, como qualquer um, o que é preciso para preencher a mãe. Tem relação com sua existência de sujeito pensar isso, o que ela realiza através dessa construção fantasmática.

Freud, aliás, ressalta judiciosamente que essa exteriorização da vertente ativa da feminilidade "demonstra de modo verossímil a exclusividade do vínculo da menina com a mãe com negligência completa do objeto pai[7]", mas também que o desejo de fazer um filho na mãe traz uma representação sexual para um impulso até ali sem objetivo e invasor para a criança. "Fazer um filho na mãe" é, pois, uma primeira significação, uma primeira produção de sentido que possa ordenar o fora de sentido do impulso pulsional. A esse título, trata-se de uma teoria sexual infantil. O filho, aqui, não é do registro de um filho real, nem mesmo do filho edipiano que será esperado simbolicamente do pai ulteriormente, mas daquele de uma simples colocação em forma do impulso pulsional, demonstrando, se necessário fosse, que a sexualidade infantil está por inteiro devotada à satisfação da demanda materna.

Essa identificação com o poder fálico constitui, assim, a base do narcisismo de um sujeito, seja ele menina ou menino. Por isso é que ela não

---

5 J. McDougall, *Éros aux mille et un visages*, nrf, Paris, Gallimard, 1996, p. 13.

6 O que então corresponderia a reduzir mais uma vez a homossexualidade feminina a uma identificação e a um complexo de masculinidade sem apelo.

7 S. Freud, "Sur la sexualité féminine", em *La vie sexuelle*, Paris, PUF, 1969, p. 149.

leva nem um pouco em conta a existência de uma diferença entre os sexos. É, pois, abusivamente que são utilizados os termos "homossexualidade primária", confundindo sob essa expressão duas operações psíquicas diferentes embora estritamente correlativas, necessárias ao aparecimento de um sujeito: por um lado, a identificação subjetiva com o Ideal e, por outro, a identificação objetal com o falo imaginário da mãe.

Ser o falo da mãe

A mãe é, decerto, o objeto de um vínculo inesquecível e inteiramente originário nisso mesmo que são os significantes de seu desejo que nos entram no corpo. Assim fazendo, eles o erogenizam ao preço de recortá-lo em zonas pulsionais nas quais virá refugiar-se a satisfação. Mas isso vale tanto para o menino quanto para a menina, de modo que seria melhor dizer desse laço que ele é homossexuado no sentido de que ele nega [*dénie*] toda diferença dos sexos, mas também no sentido de que sua força não é outra senão a identificação com o falo imaginário da mãe, identificação que coloca o filho, seja qual for o seu sexo, na posição objetal de ser o falo que falta à mãe.

O acolhimento que uma mulher reserva a seu filho não deve ser o mesmo conforme ele for menina ou menino. Freud, por sua vez, achava que só um menino podia ser acolhido serenamente e preencher o narcisismo de uma mãe. Se a clínica com as mulheres testemunha o quanto o primeiro confronto com a fenda sem pêlos do bebê menina permanece desconcertante para uma mulher, embora o sexo da criança esperada e desejada seja hoje quase sempre conhecido bem antes do nascimento, ela também demonstra que são cada vez mais numerosas as mães que dizem preferir ter uma filha em vez de um menino. Teríamos aí um testemunho inteiramente original do fato de que a presença do órgão não faz mais o falo para a primeira geração das mães a se beneficiar da emancipação das mulheres, hoje adquirida, pelo menos de direito, em nossas sociedades ocidentais. Do ponto de vista dessa nova repartição do poder, a menina é ainda mais pesada na balança fálica do desejo da mãe, já que não está incomodada pelo órgão.

Por certo é uma mudança notável, mas é também a demonstração renovada de que a diferença dos sexos remetida à medida do desejo inconsciente só pode ser apreendida em termos de desigualdade, ainda que, às vezes e por exceção, em favor do sexo dito frágil. Pode-se "pensar o caráter misto" tão longe quanto se quiser, é até desejável, contanto que não se esqueça de que o inconsciente permanece, ele, ineducável, irrecuperavelmente falocêntrico.

A identificação com a mãe: a devastação da feminilidade

A segunda forma da identificação supõe, ao contrário, o reconhecimento da diferença dos sexos, já que ela se faz a partir da recusa da castração do Outro e, em seu rastro, da castração do sujeito. Assim, o menino só abandona seu primeiro objeto, a mãe, sob o efeito da ameaça de feminilização que sua relação com o pai implica. Ele prefere renunciar ao gozo da mãe do que sofrer sua castração.

Nada igual ameaça uma menina. Entretanto, quando, com o reconhecimento da diferença dos sexos, ela descobre que a mãe não tem o falo, seu amor se transforma em ódio sob o efeito da decepção. "Um tal ódio é muito impressionante", precisa Freud, "e pode persistir pela vida inteira[8]". Estando ligadas ao falo a condição do amor assim como a da possibilidade de se identificar, o confronto com a castração materna leva a menina a buscar em outra parte a referência fálica. A via do Édipo, que é aquela, feminilizante, do amor pelo pai, pode então ser encontrada, abrindo o caminho para uma feminilidade que, no entanto, deverá dispensar toda identificação normativa.

Por isso é que Freud havia notado, e isso bem antes de suas grandes elaborações sobre as particularidades do Édipo feminino, que, contra toda expectativa, o pendor natural da menina que está em busca do traço de identificação feminino não é reforçar o ideal do lado materno, mas, bem antes, fazer a escolha da identificação com o objeto perdido e, portanto, identificar-se do lado do pai.

---

[8] S. Freud, "La féminité", 33e *conférence d'introduction à la psychanalyse*, Gallimard, p. 163.

"A análise com freqüência nos ensina que a menina, após ter de renunciar ao pai como objeto de amor, põe então para fora a sua masculinidade e se identifica não com a mãe, mas com o pai, logo, com o objeto perdido[9]".

Foi Dora, a histérica, quem, primeiro, ensinou a Freud que uma mulher, na falta de encontrar esse traço no saber do pai, busca-o através dos significantes enigmáticos de seu desejo, identificando-se com ele em seu desejo por uma mulher.

Aliás, é o que permite compreender que Freud, em 1923, acabe generalizando a identificação que ele havia até ali distinguido como sendo aquela que presidiria exclusivamente à homossexualidade feminina.

Pois a outra via, a da identificação com a mãe, sempre se encontra em impasse quanto à feminilidade. Com efeito, a tese que sustenta que seria pelo viés da identificação com a mãe que uma menina encontraria a solução de sua feminilidade mostra uma dificuldade lógica difícil de eliminar: se se tratar de reforçar a identificação primária, a identificação se fará com uma figura de mãe não submetida à lei da castração, com uma Mãe oriunda da relação originária com o primeiro Grande Outro da Demanda, como tal, portador das insígnias do poder absoluto fálico. Essa figura de mãe, se for toda fálica, nega ao mesmo tempo que há uma mulher presente na mãe. Como essa identificação com a mãe fálica poderia indicar à filha o que é uma mulher, uma vez que a sua força não é outra senão a negação da castração do Outro?

Além disso, ela comporta necessariamente uma submissão do sujeito ao ideal, ainda mais destruidor já que se trata do supereu materno. É bem conhecida a espécie de devastação a que conduz uma cura psicanalítica de mulher quando é feita para que se cumpra esse tipo de identificação. Mantida em seu estatuto de filha, uma mulher vê-se assim submetida a uma exigência superegóica impossível de ser satisfeita, sob os golpes de um supereu materno ainda mais feroz e vingativo porquanto a mãe ali está mantida em seu estatuto de Outro todo-poderoso da demanda. Ora identificada com esse poder absoluto destruidor, ora identificada com o objeto instrumentado

[9] *Ibid.*

do gozo materno, uma mulher então oscila dolorosamente entre essas duas posições igualmente imaginárias e que não podem, nem uma nem outra, definir a feminilidade, nem mesmo confundir-se com ela.

No artigo de 1931 sobre *A sexualidade feminina*, Freud emitia a hipótese de um vínculo entre a dependência da menina para com a mãe não submetida à castração e o que ele designa como "o germe da paranóia ulterior da mulher[10]". Ora, é bem em fazer nascer e florescer esse germe até a perseguição paranóica que por vezes culmina esse forçamento do lado do reforço do ideal materno.

Só se pode lamentar que as psicanalistas mulheres que se distinguiram enquanto feministas tenham, na maioria, mantido essa confusão entre a mulher e a mãe, o que se revelou ter sido um impasse dramático tanto para a condução das curas psicanalíticas quanto para o avanço da teoria analítica[11].

A HOMOSSEXUALIDADE FEMININA É SEMPRE SECUNDÁRIA

O amor da menina pela mãe pode se tornar homossexual, mas secundariamente, se, em vez de ser recalcado, ele se manifestar numa escolha de objeto. Isso pode acontecer se a menina, sob o efeito de uma decepção ocasionada pelo pai, fizer a escolha de voltar ao amor da mãe, ali onde outras mulheres, nas mesmas circunstâncias, fazem a escolha do homem. Com efeito, o laço com a mãe e a identificação com o falo que dele é a mola propulsora sempre podem servir de retiro a uma filha exposta à decepção edipiana. O amor pelo pai deve, um dia ou outro, desembocar na "falta a uma promessa pela qual a tudo já se renunciou[12]". Pois, do ponto de vista da demanda de amor edipiana, aquele a quem ela se dirige raramente sabe estar à altura daquilo que um pai supostamente deve ser. Ele sempre vai estar no "a mais" ou no "não o bastante", como mostra a declinação infinita

---

[10] S. Freud, "Sur la sexualité féminine", em *La vie sexuelle*, Paris, PUF, 1969, p. 141.

[11] Tratei dessa questão num artigo: "Feminismo e feminilidade: rumo a uma histeria sem mestre?", em *La clinique lacanienne*, nº 2, Érès, 1997, reed. 2000.

[12] J. Lacan, Le Séminaire, livre VIII, *Le transfert*, Le Seuil, p. 353.

das figuras do pai da histérica. Além disso, porque sua única referência é o falo, o saber do pai ignora o feminino como tal. A menina não encontra em sua relação com o pai o significado que ela veio buscar, o de sua identidade de mulher. Daí, para certas mulheres, a tentação de apelar de novo para a referência materna a fim de tentar acabar com a "*père-version*[13]" fracassada.

Muitas mulheres assim fazem casal com a mãe, a vida inteira ou grande parte da vida, às vezes com exclusão de qualquer outra relação amorosa, às vezes tomando por tela essa relação com um marido escolhido por sua capacidade de fechar os olhos embora fazendo um pouco de obstáculo.

Notemos, todavia, que esse retorno à referência materna não implica necessariamente uma escolha de objeto homossexual. Ele consiste apenas em negar a castração materna para reencontrar o fundamento de uma identidade, mesmo que seja aquela, enganosa, dada pela identificação com o falo imaginário da mãe. Entretanto, o preço a ser pago para sustentar essa negação é infinito e é sempre o da feminilidade. Pois essa escolha implica permanecer "menina", isto é, aceitar sustentar indefectivelmente a demanda materna e dedicar-se incansavelmente à satisfação... impossível. Ela também implica, portanto, uma supercompensação, em geral difícil de ser mantida, do ódio pelo gozo da mãe, supercompensação que é exemplarmente encontrada em ação na homossexualidade feminina.

Esse retorno ao orbe materno, se só prometer uma identidade caso haja a identificação da menina com o falo materno, é uma via em impasse quanto à feminilidade. Ora, Freud havia bem notado que havia aí, sempre presente, uma tentação de solução cada vez que uma mulher se vê "sem recursos[14]" quando está confrontada com a perda de amor. São numerosos os testemunhos clínicos que mostram que isso acontece sempre que uma mulher permanece tributária de uma decepção, seja ela amorosa ou de outro registro, isto é, sempre que uma decepção a remete sem possibilidade de simbolização à traição do Outro, abrindo sob seus passos o abismo do "deixar para lá [*laisser tomber*]". É então que o materno pode aparecer temporariamente como o último refúgio para o sujeito à beira de desaparecer. Vale

[13] J. Lacan , RSI, Seminário de 21 de janeiro de 1975, *Ornicar?* nº 2, março de 1975.
[14] Tradução do "*Hiflosigkeit*" freudiano por J. Lacan.

dizer que esse retiro é uma evitação em relação ao aniquilamento do sujeito realizado na melancolia e representa a alternativa a isso. Essa solução improvisada para aquela que não encontra solução para a questão do amor, se sempre acaba em ação na homossexualidade feminina, não é ainda, pois, o traço que lhe seja específico.

A desistência

No caso da jovem homossexual, Freud pôs em evidência o mecanismo de desistência como sendo o que regra a escolha de objeto homossexual.

"A mãe dava importância ao fato de ser festejada e cortejada pelos homens. Assim, caso se tornasse homossexual, caso deixasse os homens para sua mãe, por assim dizer, caso 'desistisse', a jovem filha tirava de seu caminho um obstáculo portador de erro/dívida (*Schuld*) e que lhe valera até esse dia a malevolência de sua mãe[15]".

O termo utilizado por Freud e traduzido por "desistência" por D. Guérineau não é *Verzichtleistung*, que significa "desistência" em alemão e que Hélène Deutsch empregará em seu texto de 1932 sobre a homossexualidade feminina para falar do mesmo mecanismo. Freud utiliza a palavra *Auswich*, do verbo *Ausweichen*: deixar o lugar pondo-se fora de, "retirando-se dali"; o dicionário dá esquivar, evitar. Freud acrescenta então uma longa nota incluindo a apresentação de casos clínicos, pois, diz ele, até o presente, esse mecanismo não fora encontrado "entre as causas da homossexualidade assim como no mecanismo da fixação da libido[16]". No fim dessa nota, ele distingue de *Ausweichen* o mecanismo psíquico que conduz a "admitir a concorrência" (*Aufnahme*)[17]. A tradução psicologizante do tradutor perde a distinção conceitual que Freud opera ao distinguir *Ausweichen* de *Aufnahme*. Pois "*Aufnahme*" é justamente o termo que ele vai utilizar em 23 para designar o mecanismo próprio à identificação: tomar no eu [*moi*] um traço do

---

[15] S. Freud, "Psychogenèse d'un cas d'homossexualité féminine", em *Névrose, psychose et perversion*, PUF, p. 257; tradução palavra por palavra dessa passagem por B. Toboul.

[16] *Ibid.*

[17] *Ibid.*

objeto renunciado. Não se trata tanto, então, "de admitir a concorrência" quanto de tomar no eu o traço da concorrência, aquele que permite entrar em rivalidade com a mãe. Ora, tomar um traço do objeto, aqui o que colocaria a filha em posição de objeto para o desejo do pai e, portanto, em concorrência com a mãe, supõe que se renuncie a amar e a gozar desse objeto. Isso produz o que Lacan chama uma "retirada [*virement*][18]" do gozo. O que é impossível aqui, por não dar uma chance à fala de um pai, depois de ele ter dado prova de que era falho.

Ao opor os dois termos, Freud mostra explicitamente a esquiva subjetiva que está em questão com a desistência, ao mesmo tempo indicando a colocação fora de jogo do sujeito que ela comporta e na qual se precisa seu lugar real: o sujeito se retira dali onde a retirada do gozo poderia tê-lo instalado como sujeito. A mola propulsora da desistência é, portanto, a culpa que inconscientemente liga uma filha à sua mãe do ponto de vista do gozo. Quando a relação com o pai desaba, entregando-a sem recurso ao gozo do Outro, fazer do amor pela mãe uma escolha, ali onde a admissão no eu de um de seus traços teria implicado o reconhecimento de sua castração, embora dê à fala do pai seu lugar, vai servir para pagar indefinidamente à mãe a sua dívida de filha.

Assim, a escolha de objeto homossexual se faz em nome do amor pelo Um e permite à filha negar que há uma perda narcísica, embora jogue o erro sobre o pai. Vale dizer que a desistência comporta um caráter de "escolha forçada" que nunca falta na clínica com as mulheres homossexuais. A literatura analítica evidenciou bem o impacto do desejo materno sobre essa escolha. Com efeito, encontramos de modo quase sistemático nas mães dessas mulheres um desejo, às vezes conscientemente expresso, de destruir definitivamente a feminilidade da filha, ou de a ela proibir o acesso pela via do amor dos homens. Freud foi o primeiro a sublinhar a "malevolência" com a qual a mãe de sua jovem paciente tratava sua feminilidade nascente. Tal paciente de repente descobre com raiva o desdém que sua mãe tinha pela feminilidade em geral e pela dela em particular, obrigando-a, a pretexto de que o salário do pai não permitia, a se vestir como ela,

---

[18] J. Lacan, "Radiophonie", *Scilicet 2-3*, Paris, Le Seuil, 1970, pp. 71-72.

como "sujona", ou a se privar de comida, o que fez que aos 17 anos ela ainda tivesse "um corpo de menina" e ainda não menstruasse. Tudo isso sob o olhar cego do pai. Tal outra descobre que, por trás de sua escolha no entanto consentida de deixar os homens para uma mãe tanto mais magnificada porquanto a havia escolhido para ser a confidente de suas aventuras amorosas extraconjugais, há "um esquecimento da mãe de olhá-la como mulher". Direi antes que há uma mãe que ocupa todo o lugar e que não pode ver que a filha, que ela reduziu ao ouvido que escuta, também tem um corpo, um corpo de mulher que só pede para desabrochar. Acontece também de esse caráter de escolha forçada desaparecer pelo fato de uma cumplicidade mãe/filha desde sempre selada num discurso de rejeição e de depreciação da relação homem/mulher, sabiamente mantido pela mãe, e que um pai, com freqüência reduzido ao estado de bufão ou de tirano – às vezes os dois alternativamente –, torna amplamente crível. O amor pelo homem é então vivido ou como perigoso, ou como vergonhoso, e ele se coloca como uma escolha impossível ou desprovida de qualquer interesse. Assim, resta a questão da própria feminilidade e a relação que cada mulher necessariamente mantém com ela. Muitas mulheres mostram que a sexualidade com outra mulher lhes permitiu uma investigação dessa questão quando o pai não podia ser dela o suporte. É por isso que acontece de a uma primeira relação homossexual suceder uma passagem à heterossexualidade, demonstrando que o simples posicionamento da questão permite ousar a escolha de se sustentar enquanto mulher, seja qual for o sexo do parceiro. Da mesma forma, temos testemunhos de mulheres para as quais cada decepção amorosa com um homem é seguida de uma relação homossexual na qual elas se refugiam para reencontrar o verdadeiro amor, aquele que supostamente não exige sexo e dá tanto o que ela tem quanto o que ela não tem.

A não ser que, inversamente, a relação com o homem e o "deixar para lá [*laisser tomber*]" que a conclui sejam apenas o prelúdio necessário "para experimentar o que se deseja mais que nenhum prazer, a amarga delícia de se sentir semelhantes, insignificantes e esquecidas[19]".

---

[19] Colette, *La vagabonde*, Livre de poche, p. 211.

A FANTASIA DE UM TESTEMUNHO PELO CORPO

Essas observações nos conduzem a pensar que a hipótese de uma homossexualidade primária na qual a feminilidade mergulharia sua raízes é em si mesma uma construção fantasística produzida no só-depois da decepção edipiana com o pai, numa visão reparadora e re-narcisante tanto para a filha quanto para a mãe. Por um lado, é preciso o só-depois do Édipo para desconhecer o caráter incestuoso do laço originário da criança com a mãe e dizê-lo homossexual. Por outro, é apenas no só-depois da decepção edipiana que uma construção se afigura necessária para remediar a falta do Outro encontrada na estrutura. De fato, essa tese não nos diz que a promessa foi mantida? Que ali onde, no Édipo, a filha não encontrou o "sedutor" que convém, ela "poderia" tê-lo encontrado na relação com o primeiro grande Outro da Demanda, assim transferido num Outro do amor talhado sob medida a partir do espólio paterno? A mãe torna-se assim imaginariamente lugar e fiador de uma transmissão da feminilidade pelo corpo, o que a clínica com as mulheres não cessa de desmentir.

No entanto, essa tese da homossexualidade feminina primária serviu de referência teórica, nos meios feministas dos anos setenta/oitenta, para dar consistência a uma fantasia: a da existência de uma essência da feminilidade que se revelaria num corpo a corpo necessário da filha com a mãe.

Para encontrar um fundamento "real" para essa transmissão pelo corpo da qual os homens só podem estar irremediavelmente excluídos, mulheres acabaram por restabelecer a figura mítica da Grande Mãe, aquela sobre a qual é então pretendido que teria, na origem do mundo, presidido ao advento de uma ordem humana eqüitativa e sem dominação. É esse mundo sem choque que a violência do patriarca, trazendo com ele a dominação das mulheres pelos homens e a guerra dos sexos, supostamente destruiu, ao mesmo tempo impondo seu recalque. "Pensar com o corpo" devia então permitir às mulheres reencontrar a essência perdida da feminilidade e explorar os novos territórios assim abertos por uma consciência toda feminina intimamente de acordo com a natureza das coisas. Lacan, que era o primeiro a conhecer essas elucubrações, já que as mais célebres dessas teóricas freqüentavam seu consultório, preveniu-as, dizendo-lhes explicitamente: "Só há mulher excluída da natureza das coisas que é a natureza das *palavras*[20]". Assim, o fato de uma mulher não estar por inteiro submetida à lei do pai não implica que ela não o esteja nem um pouco. Muito pelo contrário, ela pode estar sob todos os modos que quiser, ali tendo todo o seu lugar a contestação homossexual.

Começamos a medir, inclusive entre as feministas, os efeitos devastadores que essas teorias nebulosas tiveram sobre as militantes que se dedicaram até no próprio corpo para justificar esses delírios de que a literatura feminista, por outro lado tão rica e tão fecunda para a história das mulheres, ainda está longe de ter-se inteiramente livrado hoje.

Mas, através dessa vontade filial de testemunhar pelo corpo, a teoria da homossexualidade feminina primária não se afirma como uma fantasia, a "de ser" um corpo que testemunha? Fantasia que, por conseguinte, se constrói no lugar da falta de identificação feminina, mas ao risco de reconduzir eternamente ao laço devastador que comumente sela o casal incestuoso mãe/filha, proibindo a ambas o direito de ser uma mulher.

Estrutura perversa e homossexualidade feminina

Numa outra esfera da literatura analítica, a homossexualidade feminina costuma servir de prova para a existência de uma estrutura perversa nas mulheres. Assim, é impressionante constatar que os únicos casos analisados em termos de perversão feminina são casos de homossexualidade. Isso com certeza não deixa de ter relação com os preconceitos evocados precedentemente e a dificuldade para um analista, sobretudo quando é homem, de suportar o lugar que lhe é destinado na transferência – o de um sujeito-suposto-saber maltratado, quase sempre "zombado", de sempre já destituído, testemunha declarada impotente de uma espécie de destruição da ordem fálica com a demonstração cômico-trágica que ela implica: a impossibilidade, quando se é uma mulher, de encontrar um homem, um verdadeiro.

O próprio Freud, na apresentação que faz de seu caso da jovem homossexual, mostra várias vezes a sua impaciência, para não dizer uma certa intolerância, em relação ao comportamento da jovem "quando ela transfe-

[20] J. Lacan, Séminaire, livre XX, *Encore*, Paris, Le Seuil, 1975, p. 68. Sou em quem sublinho.

riu para mim", diz ele, "a radical recusa do homem pela qual ela estava dominada desde que o pai a havia decepcionado[21]".

Essa posição de recusa lhe é tão insuportável que ele hesita um instante em qualificá-la transferência antes de declarar que ela só podia colocar a cura psicanalítica num impasse, o que justifica para ele pôr fim nela *illico presto*, com a instrução de retomá-la com uma analista mulher.

Se não há dúvida alguma de que Freud considerou essa jovem como um caso de perversão feminina, é mesmo assim notável que em momento algum do texto ele assuma o risco de afirmá-lo nem mesmo de escrever o termo. Ele se contenta em dizer que ela jamais apresentara sintoma histérico nem mesmo fora neurótica[22].

É só em 1932, após ter-se confrontado em sua elaboração teórica com as particularidades da sexualidade feminina, que ele volta, em seu último texto sobre a feminilidade, brevemente, à homossexualidade feminina, mas para contradizer de uma ponta à outra seu julgamento de 1919. Certo, para ele, a homossexualidade da jovem mergulha suas raízes no amor originário e infantil pela mãe. Mas, se esse amor que, originariamente, não resulta de uma escolha de objeto – por estar ligado à erogeneidade infinita do corpo que ocorre no encontro com os significantes do desejo materno – se transforma, na homossexualidade, em escolha de objeto, só pode ser graças a uma transformação operada pela passagem pelo Édipo. Não pode, portanto, se tratar da "continuação direta, não modificada, de uma fixação infantil na mãe[23]".

Se a homossexualidade da jovem mostra que ela "busca se refugiar numa identificação com a mãe fálica [...], a experiência analítica nos ensina que a homossexualidade feminina raramente continua, ou nunca, a masculinidade infantil em linha direta. Parece que, nesse caso também, as meninas tomam por um tempo o pai por objeto e se põem na situação edipiana. Mas em seguida são levadas, em razão das decepções inevitáveis causadas pelo pai, a regredir para sua masculinidade precoce[24]".

---

[21] S. Freud, "Psychogenèse d'un cas d'homosexualité féminine", em *Névrose, psychose et perversion*, PUF, p. 263.

[22] *Ibid.*, p. 254.

[23] *Ibid.*, p. 257.

[24] S. Freud, "La féminité", em *Nouvelles conférences d'introduction à la psychanalyse*, Gallimard, p. 174.

Assim, pode-se ver que nessa data Freud, embora se mantenha firme em seu complexo de masculinidade, não considera mais obrigatório as mulheres homossexuais serem perversas! E, no que diz respeito à jovem paciente de Freud, podemos facilmente demonstrar que sua homossexualidade, sobre a qual é preciso sublinhar que é tanto mais ostentada porquanto protege a jovem de toda realização do ato sexual[25], desdobra-se no quadro de uma histeria em que a "bela alma" prevaleceu em relação à busca da satisfação sexual.

Entretanto, vejamos o que, em 1919, data em que Freud publica o caso, o faz pensar que se trataria de um caso de perversão.

Nada menos que a descoberta, para além da desilusão com o pai, de uma corrente da libido, dita aqui "homossexual" por Freud, que resulta de uma fixação infantil na mãe e que se mostra capaz de substituir o amor edipiano pelo pai quando esse laço naufraga após a decepção ocasionada pelo nascimento do irmãozinho.

É esse o fator particular que, para Freud, nessa data, se acrescentou à decepção edipiana para induzir a homossexualidade da jovem. Pois, observa Freud, "não queremos dizer que toda jovem em quem a aspiração amorosa proveniente da posição edipiana dos anos da puberdade conhece uma tal decepção deva por isso necessariamente sucumbir à homossexualidade. Outras espécies de reações a esse traumatismo serão, ao contrário, freqüentes[26]".

Assim, graças à sua jovem paciente, Freud extraía pela primeira vez e bem antes de examinar as particularidades do complexo de Édipo feminino – o que vai fazer entre 1925 e 1932 – o duplo enraizamento da sexualidade feminina, por um lado no que subsiste do laço originário com a mãe através do Édipo, produzindo uma fixação de gozo quase sempre destruidora para a filha, e, por outro lado, numa relação edipiana cujo malogro mergulha a filha numa forma de decepção amorosa em que persiste a demanda de amor.

---

[25] Parece que ela se ateve a isso ao longo de sua vida, só tendo amores platônicos, ora por pessoas do mesmo sexo, ora por pessoas de sexo oposto.

[26] S. Freud, "Psychogenèse d'un cas d'homosexualité féminine" em *Névrose, psychose et perversion*, PUF, pp. 266-267.

Notaremos, portanto, que, quando se tratou da homossexualidade das mulheres, esta de imediato apareceu como um questionamento exemplar do amor e do gozo feminino.

Se dois dos principais mecanismos que ele aqui descobre em ação na homossexualidade feminina – o laço originário da filha com a mãe e a identificação com o pai como solução para a decepção inerente ao Édipo feminino – são daqueles que ele vai ulteriormente reconhecer como que marcando o percurso da filha rumo à feminilidade sem por isso augurar quanto a uma escolha de objeto homossexual, pode-se dizer que a apresentação desse caso e a elaboração teórica que se segue representam, de fato, o primeiro grande texto de Freud sobre a sexualidade feminina.

Assim, é bem notável que seja essa jovem mulher homossexual, bem mais que qualquer outra paciente histérica, quem primeiro terá posto Freud na via dos mecanismos complexos da sexualidade feminina.

Lacan, após Freud, faz disso uma primeira releitura em 1957, em seu seminário sobre a *Relação de objeto*. Opondo a posição de desafio da jovem homossexual, em resposta à demonstração de poder de que deu prova seu pai ao fazer um filho em sua mulher, à posição de Dora, que, como boa histérica, sustenta o desejo, julgado um pouco curto, de seu pai; ele disso trata então especificamente em termo de perversão. É o roteiro pelo qual ela desafia o pai e sobre o qual Freud insiste particularmente em toda a primeira parte de seu texto que, para Lacan, assinala a perversão. O que lhe dá a oportunidade de elaborar uma teoria da perversão como *acting out*, marcando a passagem do plano simbólico ao do imaginário. Ele fala aqui de "perversão reacional", ou seja, do "caso em que um forçamento do real leva o sujeito a exprimir por seu *acting out*, isto é, no plano imaginário, o que estava simbolicamente latente na situação[27]". A montagem perversa se leria na curto-circuitagem, no momento da decepção, da relação edipiana pela eclosão da relação com a Senhora, na qual a jovem, tomando apoio em sua falta a partir do que lhe foi recusado pelo pai, o falo, faria a demonstração manifesta de que, no entanto, ela tem, já que o dá à Senhora. *Père-*

[27] J. Lacan, Séminaire, livre IV, *La relation d'objet*, Paris, Le Seuil, 1994, p. 162.

version bem transitória, portanto, sem que se possa por isso falar de estrutura perversa. Sublinhemos que esse tipo de realização perversa nos parece mais feminino que homossexual, pois ele sempre pode surgir, isoladamente, nos momentos em que, aparecendo o Outro em falta, é a fantasia de assassinato do pai que encontra o meio de se realizar. O que pode acontecer com uma mulher se, por exemplo, seu pai morrer, ou se o homem investido da função paterna a deixar[28]. Com efeito, por ocasião de circunstâncias traumáticas, é também o espaço da falta [*faute*] que é encontrado e acaba aberto para o sujeito.

Lacan, ao longo de seu ensino, voltará várias vezes ao exemplo da jovem paciente de Freud; primeiro no Seminário "A angústia", para puxá-la, após Dora e em função do apoio ao pai que uma e outra manifestam, para o lado da histeria, mais tardiamente no Seminário "Ou pior", para interrogar sua homossexualidade no próprio contexto da feminilidade, na medida em que ela assim aparece como uma posição subjetiva possível, atestando que uma mulher não está toda inscrita na função fálica. Assim, se, para Lacan, as duas constantes da homossexualidade feminina se tradu-

---

[28] Assim para essa jovem em análise que, na morte de seu pai, começou a beber para sufocar a sua angústia. Uma noite, em vez de se embriagar, ela se exibiu nua num café, excitando os homens e provocando uma briga. Quando a polícia chegou ao local, dois homens voaram em seu socorro e a arrastaram para o carro deles. No dia seguinte, ela acordou só num quarto desconhecido, sem saber o que lhe acontecera, mas trazendo visivelmente na pele as marcas do chicote que ela havia encontrado durante a noite. Se ela não entendia o que pudera incitá-la a um tal despimento, era evidente para ela que as marcas visíveis das chicotadas que recebera durante a noite e a sensação de ardência que sentia no corpo lhe proporcionavam uma satisfação ainda enigmática, mas de caráter indubitavelmente sexual. As associações permitiram situar a primeira parte da seqüência no contexto de uma rivalidade edipiana com a irmã e mostraram que, pelo viés da colocação em cena exibicionista, ela havia "forçado o olhar do pai", demonstrando assim sua capacidade de mulher de seduzir. Mas a visada derradeira de seu ato, não era ela uma visada de gozo tornada possível pelo desaparecimento real de seu pai? Pois só a morte do pai fora a oportunidade para ela de fomentar um encontro com aquele que feminiliza chicoteando, o pai da potência fálica reclamado por seu gozo. Um dia, falando de novo desse episódio inteiramente único em sua vida, ela declarou que devia à sua histeria ter sabido "fabricar imediatamente os dois sabores", e parece que ela tinha razão. Com efeito, de que natureza teria sido rotulado seu ato e em que linha de repressão teria ela parado se fosse somente a polícia que ela tivesse conseguido encontrar? No que temos uma bela demonstração de que "a histérica faz o homem", no sentido de que ela o fabrica.

zem por uma relação incontestável com o falo e uma demonstração ao pai do que amar quer dizer, a posição homossexual pode em si mesma ser uma resposta a esses impasses quanto ao gozo feminino, quando ela sustenta que o fálico só é satisfatório ficando sem homens... para servir ao gozo da Outra mulher.

Se a jovem homossexual ainda continua a irritar hoje tantos analistas, não seria porque sua recusa do homem, longe de ser uma recusa da posição feminina – que ela sustenta, ao contrário, através de seu desafio ao pai –, revela ser apenas recusa da "norma masculina"?

Por isso é que, ao invés de encarar a homossexualidade feminina sob o ângulo único e redutor de uma identificação e de uma escolha de objeto resultando de uma recusa da posição feminina – o que, além disso, não se verifica em todos os casos –, parece-me mais interessante examinar o modo particular segundo o qual ela recoloca em causa a pretensão ao todo da ordem fálica no ponto mesmo em que ele fracassa em fazer lei para uma mulher. É aí precisamente que a homossexual mulher, para além da demanda dirigida ao Outro, às vezes se mostra uma extraordinária teórica do amor, pelo fato mesmo de que ela se vota a reconhecer o semblante como verdadeiro, contanto que ele tenha figura de mulher. Com isso ela demonstra um amor verdadeiro pelo Outro sexo.

SÓ HÁ OUTRO DIZENDO-O[29]

"A homossexualidade feminina se orienta por uma decepção que reforça a demanda de amor[30]", escreve Lacan. Para ele como para Freud, como vimos, a homossexualidade feminina é uma resposta e uma solução para a experiência do "desdito do Outro[31]" que uma filha faz necessariamente em sua relação edipiana com o pai.

---

[29] J. Lacan, Seminário, livro XXII, "R.S.I.", sessão de 17 de dezembro de 1974, publicado em *Ornicar?* nº 2, março de 1975.

[30] J. Lacan, "La signification du phallus" em *Écrits*, Paris, Le Seuil, p. 695.

[31] J. Lacan, le Séminaire, livre V, *Les formations de l'inconscient*, Paris, Le Seuil, 1998, p. 252.

Essa experiência, na qual aquele que suporta para ela o lugar do Outro do amor cessa de lhe dar disso o signo, assume valor de castração por ser da ordem de uma privação de amor. Freud não cessou, ao longo de sua elaboração da teoria sexual, de sublinhar que o equivalente da ameaça de castração que pesa sobre o menino é, para a menina, o temor de perder o amor. Isso é devido ao fato de que essa perda remete a menina, por conseguinte sem mediação, à falta de fundamento da ordem simbólica, confrontando-a com a ausência de garantia derradeira. As fórmulas da sexuação de Lacan revelam que as mulheres, pelo fato de que estão numa lógica do *não-todo* ($\overline{\forall x}\ \Phi x$), têm uma relação mais direta que os homens com essa falta de fundamento. Com efeito, é do lado delas que se escreve a inexistência da exceção necessária para fundar um universal ($\overline{\exists x}\ \overline{\Phi x}$). Por isso é que o sujeito que se reconhece pelo *não-todo* se determina pelo fato de que nada de existente faça limite para assegurá-lo de um universo[32]. Por exemplo, não existe mãe primordial que indicaria um traço de identidade feminina que valeria para todas as mulheres. É claro que podemos imaginá-lo, isso é feito. Mas não podemos escrevê-lo logicamente. Isso permanece da ordem do imaginário.

O amor é o que supre essa falta simbólica, fazendo existir o Outro que falta. Assim, o amor faz signo, ele atesta a existência desse Outro, necessário para garantir a ordem de um mundo igualitário onde cada um, seja qual for seu sexo, teria seu lugar e na relação com o qual uma menina poderia consentir em se tornar mulher. Por isso é que ela é estimulada mais que o menino[33] a vir ao encontro desse Outro cujo olhar ela solicita para existir e sem o qual ela não conseguiria nunca ficar, segundo Freud, exceto sendo traumaticamente remetida à ferida narcísica insubjetivável ligada à privação do falo.

Se sempre aspiramos ao que nos falta, o Édipo feminino é essa abertura ao Outro. O apelo feminino para o Outro, o apelo a receber o signo do

[32] "Assim que estamos às voltas com um conjunto infinito, não podemos colocar que o não-todo comporta a existência de algo que se produza por uma negação, por uma contradição. A rigor, podemos colocá-lo como de uma existência indeterminada". J. Lacan, Séminaire, livre XX, *Encore*, Paris, Le Seuil, 1975, p. 94.

[33] Freud sublinha que, pelo fato dessa maior dependência em relação ao amor, a menina é estimulada a "vir mais (que o menino) para a frente do mundo exterior", o que faz que, em idade igual, ela se mostre mais adiantada que o menino, "mais inteligente e mais viva". 33e *conférence d'introduction à la psychanalyse* "La féminité", 1933, Gallimard, p. 157.

Outro parte dessa exigência de que haja Um. Trata-se aí de um "requisito[34]" feminino, para retomar o termo de Lacan, o Édipo querendo dizer que é o pai que é requerido para essa função. É bem por isso que a questão da feminilidade sempre se coloca, para uma mulher, na relação com o pai e não na relação com a mãe. Lembremos a esse respeito que a tese de uma transmissão da feminilidade pela mãe, que tem sucesso atualmente, é uma inépcia teórica que não tem a mínima correspondência clínica.

ENTRE "RETOMADA" DO AMOR E PAIXÃO PELO OUTRO SEXO

A homossexualidade feminina instala-se em relação a essa experiência de perda de amor, na medida em que não pode ser subjetivada como tal.

Foi o que nos mostrou exemplarmente o caso da jovem paciente de Freud. Pois, para ela, a traição primeiramente veio do amor daquele mesmo – o pai – pelo qual ela se sustentava em sua difícil ascensão rumo a uma feminilidade de sempre já barrada pelo desejo de sua mãe, decidida a permanecer a única a receber as homenagens masculinas e a não sofrer concorrência nesse domínio.

Se a gravidez tardia da mãe rejeita tão violentamente a jovem da cena do semblante fálico em que se representam as relações homem/mulher, é bem porque isso demonstrou claramente que é a mãe que é o objeto da atenção e do desejo do pai. Também é porque, ao expor abertamente seu poder sexual, ao se fazer homem ali onde os signos do amor eram esperados, o pai mostrou o que amar quer dizer para ele. Ele decai de seu lugar idealizado ao desvelar o homem que se esconde atrás do Outro do amor. Uma vez que está destituído, ele arrasta em sua queda o vínculo com um Outro do amor talhado sob medida pela jovem, tecido graças ao Édipo. Cessando de ser para ela o recurso que lhe permitiria "virar" mulher, ele de certo modo a "deixa para lá[35]" em seu ser de mulher, que, por conseguinte, ela só poderá sustentar sustentando o desejo de mulher de sua mãe.

---

[34] J. Lacan, Seminário, "O saber do psicanalista", inédito, aula de 3 de março de 1972.

[35] É conhecida a análise fulgurante que Freud produz em torno do termo "*niedekommen*" pelo qual a jovem designa sua passagem ao ato suicida. Só posso a ela remeter o leitor. [Em francês, "laisse tomber"; literalmente, "deixa cair". (NT)].

Para mesmo assim manter sua relação com a feminilidade, só lhe resta então a solução de recalcar seu ódio por sua rival nesse momento em que ele mais deveria se manifestar, e de, em conseqüência, escolher desistir, em seu benefício, dos objetos em jogo na rivalidade. Ela se priva dos homens, sob o modo histérico do "muito pouco para mim[36]".

Mas se ela se submete à lei do desejo de mulher que anima sua mãe é bem porque é o pai que, ao deixá-la para lá quanto à sua feminilidade, é responsabilizado por esse desastre do Outro. Com efeito, ele se tornou, à sua revelia, juiz e partido de uma rivalidade de mulheres na qual a filha só poderia ter-se sustentado como mulher aceitando separar-se definitivamente do desejo materno. Ora, é o que torna irrealizável ficar sem o recurso paterno. Portanto, é para preservar sua questão sobre a feminilidade que a jovem escolhe a homossexualidade, fazendo ao mesmo tempo o sacrifício de seu gozo ao gozo da Outra mulher.

Assim, ficamos sempre impressionados com o pouco apreço que as mulheres homossexuais dão a seu próprio gozo, embora até façam muito caso do de suas parceiras, gozo que elas se sentem no dever de lhes proporcionar. Esse altruísmo, com freqüência alegado no discurso das homossexuais para opô-lo a um egoísmo todo masculino, assume sua verdadeira dimensão com o reconhecimento de que, na relação sexual, é preciso que o gozo seja entregue à parceira, já que é a ela que é entregue o encargo de fazer existir a mulher através de um gozo que nada deva ao homem.

Entretanto, notemos que nesse momento de desastre do Outro no qual "tudo o que era condição torna-se perdição[37]" para o sujeito, o ato da jovem consiste na "retomada" do amor. Ela retoma assim sob sua responsabilidade todo o peso do requisito feminino; que haja ao-menos-um... a dar os signos do amor. Ela o retoma sob o modo do ao-menos-uma, o que é bem diferente de fazer a demonstração do fato de se ter o falo! Com efeito,

[36] "De todo modo, eles são grosseiros demais e bons para fêmeas", segundo a expressão de uma paciente no momento em que ela me explicava sua "separação" de sua mãe, na qual ela lhe deixara os homens. Aqui, indica-se que a mãe, ao mesmo tempo, longe de ser a figura magnificada que seu discurso consciente se aplica em promover, é rebaixada ao estatuto de "fêmea".

[37] J. Lacan, Séminaire, livre VIII, *Le transfert*, Paris, Le Seuil, 1991, p. 353.

para isso, ela priva a si mesma, ela "desdenha[38]" a posse do objeto fálico, a aposta imaginária em jogo na relação edipiana. Ela se faz sujeito da falta, mediante o que ela faz existir o(a) amante ideal; amamos apenas a partir daquilo que nos falta, dando o que não temos[39].

É por isso que o homem aqui não tem lugar, ele que não sabe amar as mulheres, já que só pode rebaixá-las ao nível de objeto sexual. Quanto ao pai, se for apenas um homem, só pode decair de seu lugar de exceção no qual o amor da filha o mantém. A imagem do pai muda então completamente e costuma se tornar impossível para a homossexual recolocar em causa a imagem igualmente degradada tanto dos homens quanto do pai que ela mantém sabiamente e que ela aplica a todos os homens... sem exceção.

Certo, com isso ela marca sua recusa dessa "norma de macho" que é a da castração, o que pode tomar o aspecto de um desafio quanto às questões fálicas propriamente masculinas. Com efeito, se se tratar apenas de disputar com os homens a posse da insígnias da potência fálica, a demonstração é rapidamente feita, pois um pênis é bem irrisório em relação ao falo na medida em que ele seria o que é esperado por uma mulher. Por outro lado, o amor de uma mulher por outra mulher pode demonstrar exemplarmente que um homem, por estar sempre amarrado em sua relação com o falo, está impedido de ter acesso ao Outro sexo a não ser procedendo a um aviltamento do amor.

Entretanto, ao reduzirmos a homossexualidade feminina ao desafio do combate fálico, perdemos o essencial daquilo que essa recusa pode nos ensinar. Pois ali, onde a norma masculina do "*paratodos*[40]" ($\forall x \, \Phi x$) só se funda da existência necessária de uma exceção que a edita embora a negue ($\exists x \, \overline{\Phi x}$), mediante o que todo homem a ela se submete, a homossexual, esta, não cessa de nos demonstrar que a exceção só pode advir na ordem da contingência, que é por excelência a lei do amor. Em outras palavras, a exceção resulta de um dizer, que é preciso, portanto, saber sustentar. Ao que ela se vota, em ato. Pode-se falar aqui de ética da homossexualidade

[38] J. Lacan, Seminário, livro "Ou pior", inédito, aula de 8 de dezembro de 1971.

[39] Lembremos a fórmula célebre de Lacan: "Amar é dar o que não temos".

[40] J. Lacan, "l'Étourdit", *Scilicet nº 4*, Paris, Le Seuil, 1973, p. 15.

feminina, nesse ponto em que se trata para um sujeito de fazer, de uma teoria do amor, sua prática.

Assumir o lugar da exceção pela qual ela se vangloria do amor perfeito sustenta a relação necessária do desejo feminino com o falo, embora a consagre, a ela, à paixão indefectível para com aquela da qual ela faz doravante o suporte de sua questão sobre a feminilidade. Essa posição permite manter e preservar as condições de possibilidade de uma relação com o Outro. Nisso, não se trata nem de se identificar com o pai para sair do Édipo como faz um menino, nem de uma identificação assumida a título de uma posição viril correspondendo ao falicismo originário da menina, como às vezes se diz, mas de uma retomada das condições de possibilidade de amor.

Por conseguinte, o "*hommoinsun*[41]" a amar a mulher só pode ser uma "ao-menos-uma". Para uma mulher homossexual, a exceção só pode ser feminina. Daí o discurso insistente, até mesmo demonstrativo para com o analista – sobretudo se se tratar de uma mulher –, em sustentar que só há amor "verdadeiro" entre mulheres, sendo o desafio convencer que elas podem amar bem melhor do que pode fazer um homem. É que a homossexual só pode ser uma teórica "sem par" do amor, exceto decaindo de seu encargo, que ela se dedica a sustentar, eticamente.

Que o primado do falo é o da contingência

Por isso é que, ali onde a homossexualidade masculina parece bem ser hoje ostentatoriamente o último bastião do falicismo paterno, a homossexualidade feminina, mais discretamente, continua a exercer a crítica feminina que ela sempre constituiu contra um mundo organizado pela "*todohomia*" masculina.

Seu protesto se dirige principalmente contra a universalidade de que a lei paterna pretende ser fiadora. Como o desejo do pai poderia fazer lei para todos e em particular para as mulheres, na medida em que ele desconhece a mulher? Nisso, as mulheres homossexuais sempre estiveram, lem-

[41] *Ibid.*, p. 35.

bremos, na dianteira da reivindicação feminista e sempre foram combatentes infatigáveis da causa das mulheres, defendendo a idéia de um direito "justo", isto é, que torne iguais todos os sujeitos diante da lei e assim corrija os efeitos perversos de uma ordem paterna discriminatória.

Nesse ponto, o discurso delas se confunde com o discurso histérico[42], com essa singularidade de assumir, no sentido próprio, todo o peso da particular sobre elas. Com efeito, se a intimação da histérica "Há um ou não?", ao se fazer a expressão de sua procura de um sentido e de sua busca de um Outro que lhe dê limites, sustenta incansavelmente sua relação com o pai, a homossexual, esta, segura de sua demonstração de que não há exceção do lado homem, fica muito bem sem ele ao fazer existir a exceção do lado mulher. Assim fazendo, tanto uma quanto a outra fracassam, na medida em que o Um a que elas aspiram não depende tanto do simbólico quanto dos poderes do significante.

Além disso, por não quererem consentir em se fazer a vítima do falo, por não se servirem dele pelo que ele é, um semblante, elas acabam recolocando a exceção em posição de causa primeira. Certo, não correndo o risco de tomar um pênis por um falo[43], as mulheres homossexuais conseguem manter um laço com o Outro sexo que dispensa a relação com a castração, mas, assim fazendo, elas trazem à sua revelia, para a ordem do necessário, a experiência feminina que é a da contingência, aquela que, ao descobrir a ausência de limite que se abre para além do falo, às vezes permite às mulheres heterossexuais ter acesso a um gozo Outro, propriamente feminino, uma vez que ele se origina do *não-todo*.

---

[42] E não com o discurso perverso.

[43] É o que uma mulher concede "por amor" a um homem na relação heterossexual, para o serviço dos gozos de ambos.

Oscar Wilde no tempo de compreender o fantasma – Epistola in Carcere et Vinculis: De Profundis –

Bárbara Maria Brandão Guatimosim

(...) como conseqüência de ter-me deixado colher no laço (...) me encontro na mais espessa lama, situado entre os célebres Gilles de Retz e Marquês de Sade.

Oscar Wilde

Das profundezas do abismo, clamo a vós, Senhor! Senhor, escutai a minha voz.

Estejam vossos ouvidos atentos à voz de minha súplica.

De Profundis, Salmo 129

Aos quarenta e um anos, já tendo escrito praticamente toda a sua obra, composta de contos, ensaios, poesias, peças teatrais e um romance, o escritor irlandês Oscar Wilde, inglês por adoção, se vê comprometido em sua vida pessoal e artística pelo encontro do que foi para ele uma "funesta amizade" (1). Em Londres, já casado e com dois filhos, mantinha relações com outros rapazes, que acolhia generosamente em um "banquete de panteras" (2). Eram em sua maioria prostitutos, que a era vitoriana, com suas leis que condenavam o homossexualismo, tornara chantagistas em potencial. Com alguns destes rapazes não buscava apenas divertimento. "Casei-me três vezes em minha vida, uma com uma mulher, duas com homens!"[1]. Seu último e fatal casamento foi com um jovem de pouco mais de vinte anos, Lord

[1] Wilde, O., citado por Ellmann, R., p. 343.

Alfred Douglas, do qual tentou se separar várias vezes (3) e que já transitava com amigos homossexuais pouco confiáveis. O belo Douglas, aspirante a poeta, passou a viver perdulariamente (4) às custas de um Wilde que sempre cedia (5), da mãe débil e complacente (6), e às turras com o pai, J. Queensberry, que fazia do estandarte do moralismo uma autopromoção.

Douglas não era muito discreto em sua amizade com Oscar e com isto provocava Queensberry, que passou a insultar o escritor já famoso, acusando-o de sodomita e corruptor de jovens, ou mais precisamente, do filho (7). Incitado em extremo por Lord Alfred, Wilde resolveu comprar a disputa entre filho e pai, processando o último por difamação (8). Oscar, que se dizia filho típico de seu século, não contou com a violência da hipocrisia da sociedade inglesa que tanto criticava, mas da qual também usufruía. Wilde, com sua vida dupla, convencional e clandestina, recorreu à lei moral e recebeu sua resposta invertida (9). O pai acusado em nome da moral tornou-se acusador do imoral e por meio de estratagemas escusos conseguiu condenar Wilde à pena máxima de dois anos na prisão com trabalhos forçados, depois de um longo processo do qual este se recusou a fugir por um misto de honra, orgulho, prepotência, impotência e sacrifício (10).

Wilde passou rapidamente da fama incontestável à infâmia e à falência absolutas em sua carreira. Na prisão sofria horrivelmente, com direito a raras visitas e restritos contatos por carta com poucos amigos. Mas de A. Douglas só lhe vieram o silêncio e notícias que o indignavam. Foi nos últimos meses do cumprimento de sua pena na prisão de Reading, já com acesso a alguns livros, papel e tinta antes negados, que, diante do silêncio do amante e no isolamento, redigiu talvez a maior carta de amor conhecida na literatura, destinada ao "Querido Bosie", A. Douglas. A Epistola, segundo Wilde, não defende sua conduta: explica-a[2]. Mas não só: lamenta-se, acusa, interpreta, busca redenção no sofrimento, na dor, no amor, no perdão, na humildade, em Cristo e esperança na "*Vita Nuova*" que se prescreve, fazendo o levantamento das causas e da extensão de sua ruína. Insistia

[2] "(...) Depois de teres lido esta carta, verás a explicação psicológica de uma ordem de conduta que, de fora, parece uma mistura de idiotice absoluta e de vulgar fanfarronada". Wilde, O., em carta a Ross, p. 1339.

em dizer que a prisão o havia modificado profundamente "porque lá encontrei minha alma"[3] (11).

Posto em liberdade, tentou ingressar em um monastério de jesuítas para um retiro, mas isso lhe foi recusado. Talvez recluso se sentisse mais liberto. Pois sua libertação parece tê-lo deixado ainda mais prisioneiro. Divorciado de sua mulher Constance Lloyd e proibido de ver os dois filhos, retomou sua vida com Douglas, seu "porto seguro"[4], e foi por ele novamente abandonado, reencenando a mesma situação anterior, já que não havia dinheiro que os sustentasse (12). Suas únicas obras posteriores ao tempo do cárcere foram a "Balada da Prisão de Reading" e alguns artigos jornalísticos criticando o sistema penitenciário britânico, que, na época, praticamente se igualava à pena de morte. Ainda lhe vinham boas idéias, mas não queria, não podia mais escrever (13).

A condição de viúvo reservou-lhe uma pensão modesta, sempre insuficiente para seus gastos[5]. Passou o final da vida bebendo, esmolando, divertindo-se com rapazes e em conversações com alguns poucos amigos, admiradores e apiedados que o sustentavam em todos os sentidos. Mas sofria com a indiferença e o desprezo da maioria e de muitos que sua generosidade havia regalado nos tempos de glória e fortuna. Com isso, passou a evitar também o convívio mesmo dos que lhe eram simpáticos. Morreu em 1900, na miséria, cercado dos contados amigos mais chegados e de Robert Ross, que nunca o abandonou e que foi seu executor literário. Quando saiu da prisão, a Epistola, ou "De profundis" como Ross a intitulou, foi confiada a este com a recomendação de uma cópia para Douglas. Não se sabe se este a leu ou não na ocasião; de qualquer maneira, isto provavelmente não faria diferença (14). Antes de morrer, Wilde manifestou o desejo de que a Epistola fosse um dia publicada[6]. Uma primeira versão parcial da carta veio a público e, tempos depois, foi integralmente publicada.

---

[3] Wilde, O., citado por Ellmann, R., p. 486.

[4] Ellmann, R., p. 468.

[5] "A exemplo do querido São Francisco de Assis, casei-me com a pobreza; no meu caso, porém, o casamento não é um sucesso; odeio a noiva que me foi dada". Wilde, O., citado por Ellmann, R., p. 486.

[6] "(...) pois essa obra, assim achava, em certa medida o reconciliaria com o mundo". Ellmann, R., p. 499.

É desta carta impressionante, dramática, desigual, contraditória, entremeada de reflexões filosóficas, religiosas e artísticas, atormentada como o complexo remetente, que faço uma leitura, a partir da escuta psicanalítica, acompanhando ao pé da carta, no testemunho que traz, algumas de suas linhas temáticas, com seus circuitos, suas repetições e seu desfecho. As muitas citações selecionadas e numeradas no corpo e no final deste texto, extratos da voz escrita de Wilde, têm o objetivo de fazer a carta falar por si mesma, dando suporte vivo ao que vou pontuando.

A "Epistola in Cárcere et Vinculis", como o autor a nomeou, desde seu início não promete uma agradável leitura. É uma "carta terrível". Nessa missiva Wilde recompõe um pouco de sua vida de glória e vai acompanhando cirurgicamente (15) todos os passos, por vezes em detalhes microscópicos, tanto factuais como subjetivos, que o levaram à ruína. Não poupa ninguém, a começar por Douglas (16) e por ele mesmo (17). Percebe que o processo judicial que o levou a perder tudo – família, fortuna, amigos, reconhecimento social, saúde, sua arte, seu nome (18), enfim, qualquer possibilidade de futuro (19) – não foi o causador de sua tragédia. Apesar de culpar o Destino, os Deuses e Douglas, é perfeitamente lúcido sobre o quanto escolheu a fatalidade (20). Reconhece a evidência do quanto algumas de suas obras anteciparam e retrataram seu percurso (21). Viu claramente quando e como poderia ter evitado o pior e como se deixou enredar nas armadilhas da comédia (22), da superficialidade e frivolidade (23); teve consciência de como servia como instrumento de gozo aos apetites narcísicos insaciáveis que o rodeavam (24). Descobre a certeza (25) na dor recorrente, como mantenedora da identidade (26); mas alertado está para não fazer, da dor, um bem (27). Recusa terminantemente o ódio e o ressentimento como destilações da amargura (28), pois se dá conta de que foi nas malhas do ódio que se deixou apanhar (29). Afirma não a revolta, mas o segredo da humildade, que "consiste em aceitar todas as experiências", como a única revelação digna de se extrair da experiência de dor. Preconizava o amor como o único dom que torna possível a compreensão e o perdão. Descobre assim, na *Vita Nuova* (30) de Dante, não um corte total com o passado, mas a feliz vitalidade no desprendimento (31), para alcançar a última realização da vida artística.

Não a religião, mas a vida de Cristo emerge, em certo ponto no texto, análoga à verdadeira vida do artista. A partir disso, Cristo é figurado de maneira nada ortodoxa, como o maior poeta romântico do esteticismo, ao qual Wilde se identifica idealmente, um tanto à sua imagem e semelhança (32). Defende que os rituais litúrgicos deveriam ser uma espécie de celebração teatral. Cristo é então protagonista, não do altruísmo, mas do supremo desapego individualista, porque visa à alma do homem (33); e a de uns vale como a de outros, porque são diferentes (34). Defendendo a errância (35), despreza os homens para quem a vida é uma sagaz especulação, um cálculo dos caminhos e meios, e que, onde quer que vão, vestem a máscara do que programaram; e o castigo é que terão de usá-las. Wilde entende que Cristo amava os pecadores, próximos da perfeição, porque só estes podiam se arrepender (36). Compreende que o desejo primordial de Cristo não era reformar os homens, tampouco aliviar o sofrimento (37). Sem acreditar em reformas morais ou teológicas, os passos da paixão de Wilde, dá-lhe o direito adquirido de compartilhar da dor (38), dor que aqui, infiel a Dante, toma como um belo bem (39) em uma convicta lealdade catexial. Quer que a dor se introduza em sua obra a advir, não imitando a realidade, nem da forma vulgar que experimentou (40), mas com uma certa qualidade estética (41). Porém este projeto não foi realizado.

Wilde prossegue na Epistola destrinchando suas ilusões, máscaras (42) e equívocos, o principal deles, indubitavelmente, o de deixar-se levar pelo gozo, com a parceria perfeita para isto que encontrou em A. Douglas (43) e seus familiares (44). Com tudo isso, sua tragédia não é grega. O amor que se queria acreditar e se mostrar grego exibiu-se como uma realização perversa do fantasma, revelando seu rosto real na ruína que trouxe (45). Wilde, o helenista, percebe que estava dominado não apenas por um rapaz voluntarioso, mas por um estilo moderno (46), por um mestre perverso; aquele que exige o gozo e o consumo rápido, que, independente da época, é sempre "moderno" (47) – por sobrepor o gozo ao desejo, este sempre historicamente causado, por sua inconseqüência, sua indiferença ao outro, e destruição dos laços sociais. Esta máquina de gozar que assola Wilde e que este lastima reiteradamente em Douglas é, por definição, absolutamente destituída de imaginação e carece por completo de poesia (48). O escritor Wilde expressa de forma precisa e repetidamente que não é esse, mas um Outro gozo que atravessa sua arte.

Tudo o que se seguiu na vida de Wilde sobrevém de uma fixação da qual não consegue, e em grande medida não quer, decididamente, livrar-se. Não só retomou seu vínculo com Douglas depois da prisão como a própria carta vaticinava (49), mas, talvez por saber mais ainda do gozo a partir da Epistola, mergulhou fundo no sorvedouro fantasmático, buscando sorver a Vida até a sua última gota[7].

Ao longo de toda a carta, onde lemos o discurso histérico se exercendo em plena súplica, produzindo saber, fazendo ciência, acompanhamos também a gravidade da sedução do fantasma, que se faz, ao final, inexorável, obstruindo a saída. Certamente a bela imagem de Douglas era só uma tela imantada, eleita dentre todas, que encobria o fantasma masoquista e mortífero (50). Pois o que a pintura feita por Wilde espelha e retrata (51) era o que Douglas implicava enquanto figura obscena e imperativa do gozo que não quer saber do impossível; ou sabe, mas mesmo assim... Não é surpresa então que ao pintar a imagem de Douglas encontre as cores lúgubres da mesma figura em si mesmo. Eis como Wilde fabula o encontro com sua alma na prisão.

> Um homem deparou com um ser, que dele escondeu o rosto, e disse: "Vou obrigá-lo a mostrar seu rosto". O ser fugiu. Ao ir em seu encalço, perdeu-o de vista, mas sua vida continuou. Por fim seu prazer levou-o a uma sala comprida, onde mesas tinham sido postas para muitas pessoas, e, em um espelho, viu o ser que perseguira na juventude. "Desta vez você não haverá de me escapar", disse, mas o ser não só não tentou fugir como também não escondeu o rosto. "Olhe", gritou o ser, "e agora saberá que não mais poderemos nos ver, pois este é o rosto de sua própria alma, e ela é horrível" (Wilde, citado por Ellmann, R., p. 487).

Assim como o amado, não foi o homossexualismo que condenou Wilde, homossexualismo do qual ele nunca abriu mão, se lamentou (52)

---

[7] O. Wilde, sobre o suicídio: "Nunca pensei seriamente nisso como uma saída. Achava que devia esvaziar o cálice de minha paixão até a última gota". Ellmann, R., pp. 480, 497.

ou questionou[8]. Mesmo porque o homossexualismo já fervilhava na casta e sóbria Inglaterra de então. Era tolerado, conquanto não se o revelasse. Não foi o sexo, mas um amor devastador que o aprisionou. Este "Amor que não ousa dizer seu nome", como Douglas o chama em seu poema "Dois Amores", esconde menos a opção sexual amorosa que uma outra terrível paixão oculta: aquela que leva à morte. E Wilde responde repetindo em eco nos ditos e escritos últimos: "Porque cada um de nós mata o que ama, mas nem todos hão de morrer"[9] (53).

É provavelmente com a lúcida visão desse cenário trágico que Wilde, na carta, se identifica ao débil Hamlet de Shakespeare, ao sentir a missão que lhe vem do fantasma como um fardo insuportável para ele: um poeta, um sonhador que se arrasta para a ação, sem saber o que fazer (54). Compara Douglas aos companheiros de Hamlet, os imortais tartufianos Rosencratz e Guildenstern (55), e à doce Ofélia, que roçam o segredo trágico do príncipe, mas dele nada sabem, e de nada adianta revelar-lhes aquilo que não podem compreender (56).

Todavia a carta se mantém, do início ao fim, mesclando variações temáticas, como uma grande súplica sinfônica ao Amor; Amor que, com toda a estupidez, sem nada compreender, sabe do gozo: "por que não me escreveste?", "por que não me escreves?" – pergunta que o autor, por ele mesmo, vai respondendo insistentemente, explorando de modo desesperado os incansáveis matizes de uma "compreensão" tão incessante que se torna, no texto, inumerável. Uma compreensão que se diz e se revela por demais "psicológica" para o que é preciso "aprender" e "ensinar" (57) a Douglas (58); isto é: o impossível, dom da castração (59). Evidentemente, o fato de insistir por escrito nessa compreensão em nada mudou a vida do escritor, nem lhe reservou um futuro diverso (60).

Wilde passou seus últimos anos de Vida abandonando-se a ela[10], fazendo comédia da tragédia humana, navegando entre uma e outra, sedando-

---

[8] "Um patriota aprisionado por amar seu país ama seu país, um poeta na prisão por amar rapazes ama rapazes". Wilde, O., em carta a Ross citado por Ellmann, R., p.491.

[9] Wilde, O., *Balada da Prisão de Reading*, p. 970.

[10] "Não sei dizer o que vou fazer da minha vida; pergunto a mim mesmo o que minha vida fará de mim". Wilde, O., citado por Ellmann, R., p. 474.

se com álcool e humor quando a dor de sua desgraça mostrava suas garras[11]. Sob o nome de Sebastian Melmoth, que adotou ao sair da prisão, passou seus últimos meses exilado em Paris; mas, como disfarce, era completamente inútil; Wilde com sua estatura gigantesca dizia ser tão conhecido como a torre Eiffel. Teve como companheiro inseparável seu estilo inconfundível, uma escritura composta de ironia, humor e poesia que, para além de sua obra escrita, o mantinha como um conversador insuperável, contador de estórias, prosador irresistível, o que certamente salvou-o da solidão absoluta, no epílogo de sua vida, acompanhando-o até em seu leito de morte[12].

"De profundis" é uma súplica ilimitada, uma espécie de expurgo que, por falta de um corte conclusivo, ato decidido, faz retroceder o longo tempo de compreender para o instante de ver – e então se torna inevitável repetir e re-vi-ver a mesma e nefasta experiência em *looping*. O compreender deixado à deriva só pode degradar-se na submissão e subserviência ao que foi revelado. O tempo de compreender só se legitima enquanto tal – real elaboração, construção – a partir da antecipação lógica que o momento de concluir exige como perda de gozo e aposta no desconhecido, abrindo as portas da cela fantasmática. No caso de Wilde, o resultado é que o prisioneiro não sai da prisão. Aliás, é essa certeza que ele antecipa como sentença[13].

Wilde acaba deixando no esquecimento o que foi dito tão nítida e radicalmente no levante do recalque; tudo que diz não, tudo que diz basta é novamente recalcado. Se, com a carta, de algum modo intentava realizar uma mutação da posição subjetiva, é como se estivera escrevendo na água, ou pregando ao vento. Finaliza a Epistola com o perdão acostumado de quem sempre cedia e a resignação frente à beleza da dor. Encarou como

---

[11] "Sou um vagabundo. O século terá tido dois vagabundos, Paul Verlaine e eu". Idem, p. 493.

[12] " Meu papel de parede e eu travamos um duelo fatal. Um ou outro tem de partir". Idem, p. 498.

[13] "Sei, sem dúvida, de certo ponto de vista, que no dia da minha libertação passarei simplesmente de uma prisão para outra, e há momentos em que o mundo inteiro não me parece maior que minha cela e tão cheio de horrores quanto ela". Wilde, O., em carta a Ross, p. 1339.

honrosa dignidade deixar-se cair na humildade orgulhosa de quem optou até o fim por ser vítima da lei moral que repudiava, e pelo comando férreo do gozo trágico, apesar de encobrir-se e sustentar-se em comédias: "Tenho um dever para comigo mesmo que é divertir-me assustadoramente. Não felicidade. Acima de tudo, sem felicidade. Prazer! Deve-se sempre aspirar ao mais trágico"[14].

Extratos selecionados: *De profundis*

(1) "Havia-te eu dito antes uma infinidade de vezes que ias ser a perdição de minha vida e isto te fazia rir sempre". P. 1384.

(2) "(...) eram deliciosamente sugestivos e estimulantes (...) O perigo constituía metade do prazer. Era como embriagar-se na companhia de panteras: o próprio perigo era a verdadeira embriaguez". P. 1415.

(3) "Era-me impossível apartar-te de minha vida; tinha-o tentado em várias ocasiões (...) com a esperança de livrar-me de ti; mas tudo fora inútil. E, não obstante, eras o único que podias ter feito algo de eficaz; em tuas mãos estava a solução da questão". P. 1370.

(4) "(...) e assim tive de pagar diariamente todas as pequenas despesas que fazias. Isto só poderia fazê-lo um homem que fosse de uma bondade de coração realmente única ou de uma estupidez ilimitada; em mim se uniam, desgraçadamente, as duas coisas". P. 1424.

(5) "Isto trouxe como conseqüência imediata que tuas pretensões, tuas ânsias de dominação e tuas acabrunhantes exigências aumentassem até o absurdo. O mais mísero de teus impulsos, o mais baixo de teus apetites e a mais abjeta de tuas paixões transformaram-se para ti em leis que deviam reger sempre a vida dos demais e às quais tinham que ser sacrificadas fatalmente, sem o menor escrúpulo". P. 1349.

(6) "(...) tua mãe terá de deplorar alguma vez o ter tentado descarregar sobre outra pessoa suas graves responsabilidades, sobre outra pessoa que já devia suportar uma carga enormemente pesada (...) Se eu tive

[14] Wilde, O., citado por Ellmann, R., p. 373.

toda a máxima indulgência com teus caprichos, teus arrebatamentos e teus escândalos, deve ter tido ela a mesma indulgência". P. 1422.

(7) "De todas as numerosas pessoas que cruzavam minha vida foste a única sobre quem não podia eu de modo algum e em nenhum sentido influir (...) Essa teoria da influência de um homem sobre um rapaz pode ser engraçada até chegar a meu conhecimento, porque depois é grotesca". P. 1423/4.

(8) "(...) disse-te que me dava perfeitamente conta de que vos ia servir unicamente de instrumento em vossa contenda e de que, por estar colocado entre os dois, sairia sempre perdendo". P. 1384.

(9) "Naturalmente, uma vez postas em movimento as forças da sociedade, voltou-se esta contra mim e disse-me: 'Tens vivido durante todo este tempo desafiando minhas leis e agora recorres a elas para que te protejam. Ser-te-ão rigorosamente aplicadas. Terás de submeter-te às leis que invocaste'. O resultado é que estou na prisão". P. 1415.

(10) "Forçaste-me a entabular um processo, porque sabias perfeitamente que a ti nunca atacaria teu pai, nem em tua pessoa nem em tua vida, e que eu vos defenderia a ti e à tua vida até o final, lançando sobre meus ombros tudo quanto quisesses carregar sobre eles". P. 1422.

(11) "Diz-se que por trás da dor há sempre dor. Teria sido mais sensato ainda dizer que por trás da dor há sempre uma alma". P. 1414.

(12) "Disse-te muitas vezes – Lembra-te? – quanto me desagradava que visses em mim um homem 'útil', sabendo-se que o artista e também a arte, na sua mais íntima essência, devem carecer por completo de utilidade". P. 1424.

(13) "(...) durante o tempo em que estivemos juntos, não escrevi uma única linha (...) minha vida, enquanto estiveste a meu lado foi inteiramente estéril, nada criadora". P. 1345.

(14) "Tudo tem de brotar da gente, espontaneamente. E torna-se por completo inútil querer dizer a alguém uma coisa que nem sente, nem pode compreender". P. 1371.

(15) "Deves ler esta carta até o final, ainda que cada palavra tenha de ser para ti como o cautério e o bisturi do cirurgião que queima ou sangra as carnes delicadas". P. 1344.

(16) "Sabias muito bem que te era suficiente provocar um escândalo para impor tua caprichosa vontade e por isso era muito natural que talvez inconscientemente, não duvido, tornasses mais aguda a violência até o inverossímil (...) quiseste possuir, na cegueira do teu desejo insaciável, o meu ser inteiro. Fizeste dele sua presa. Foi este o momento mais crítico de minha vida e de um aspecto mais trágico". P. 1349.

(17) "Deveria ter proibido tua entrada em minha casa e em meus aposentos. Censuro-me sem reservas pela minha debilidade. Isso não foi mais que uma debilidade (...) no caso de um artista, a debilidade é nada menos que um crime, quando essa debilidade é a que paralisa a imaginação". P. 1346.

(18) "Possuía gênio, um nome distinto, uma elevada posição social, brilho e audácia intelectual". P. 1388.

(19) "O que parecia ao mundo e a mim mesmo meu futuro, perdi-o irreparavelmente, quando me deixei arrastar pela tentação de empreender uma ação judicial contra teu pai; havia-o perdido, posso mesmo afirmar, em realidade, muito antes disso...". P. 1347.

(20) "Necessito dizer a mim mesmo que tenho a culpa de tudo, que ninguém se aniquila senão por sua própria vontade (...) Essa acusação cruel atiro-a sem piedade sobre minha conduta". P. 1388.

(21) "Na realidade, tudo isso está simbolizado e previsto em meus livros (...) Não teria podido ser de outra maneira, porque em cada momento de nossa vida é a gente aquilo que vai ser, e igualmente o que se é, já se foi". P. 1398/9.

(22) "Cri que a vida era uma brilhante comédia e que tu serias um de seus encantadores personagens. Descobri que era uma tragédia revoltante e repulsiva e que na ocasião sinistra da grande catástrofe, sinistra na concentração de objetivo e em sua intensidade de reduzida vontade, foras tu mesmo despojado dessa máscara de alegria e de prazer pela qual tu, da mesma forma que eu, tínhamos sido seduzidos e perdidos". P. 1366.

(23) "Divertia-me em ser um *flâneur*, um dândi, um homem da moda. Rodeei-me de pessoas de mentalidade grosseira e malgastei meu talento. Às vezes o esperdiçar uma juventude eterna produzia em mim um estranho gozo. Cansado das alturas, baixei ao mais profundo em

busca de novas sensações. O desejo foi, afinal, uma enfermidade e uma loucura. Chegaram a não importar-me as vidas dos outros; tomava o prazer onde o achava e continuava depois meu caminho". P. 1389.

(24) "(...) esse mundo irreal da arte no qual antes fui rei e o teria continuado sendo, se não me tivesse deixado aprisionar por esse outro mundo real e baixo, de paixões cruéis e limitadas, de um gosto torpe, de desejos sem limites e de apetites desaforados". P. 1385.

(25) "Procurei fugir a todo sofrimento e amargura. Como odiava a dor, resolvi ignorá-la enquanto me fosse possível, tratá-la como algo imperfeito, distante do meu ambiente. Não lhe concedi o menor resquício em minha filosofia". P. 1395. "(...) não há verdade comparável com a dor e há momentos em que penso que a dor é a única verdade possível (...) Há na dor uma intensa e extraordinária realidade". P. 1396.

(26) "O sofrimento, por curioso que isto possa parecer-te, é o meio pelo qual existimos, porque é o único graças ao qual temos consciência de existir; e a recordação do sofrimento no passado nos é necessária como garantia e evidência de nossa contínua identidade". P. 1356.

(27) "Dante coloca no inferno aqueles que vivem voluntariamente na tristeza (...) Tampouco podia compreender como Dante que disse que 'a dor nos une a Deus' pudesse ser tão duro para com os enamorados da melancolia (...) Não pude imaginar então que chegaria um dia em que isto se convertesse na grande tentação de minha vida". P. 1394.

(28) "O ódio – e isto tens de apreendê-lo ainda – é, dum ponto de vista intelectual, simplesmente negativo. E para o coração é uma das formas de atrofia, de conseqüências mortais, mas não somente para a gente mesmo (...) Compreendes agora o que é o ódio e como cega uma pessoa? Reconheces agora que, quando digo que o ódio é uma atrofia funesta e não só para aquele que o sente, defino de um modo científico uma verdade de tipo psicológico?". P. 1372.

(29) "Seu ódio contra ti estava em teu pai tão arraigado como o teu contra ele, e eu era, entre vós dois, algo assim como o escudo que tanto serve para o ataque como para a defesa". P. 1369.

(30) "(...) Não é realmente uma vida nova, mas a continuação por progresso e evolução de minha vida anterior". P. 1398.

(31) "É algo que só se pode alcançar, renunciando a tudo quanto se possui e somente quando perdemos tudo, damo-nos conta de que, por fim, possuímos uma só coisa". P. 1390.

(32) "Sem dúvida alguma o lugar de Cristo se acha entre os poetas. Seu conceito de humanidade provinha da imaginação, uma vez que somente esta é capaz de compreendê-la". P. 1400.

(33) "Para compreender a realidade da alma, é preciso que nos desprendamos de todas as paixões estranhas, de toda a cultura adquirida, de todos os bens exteriores, quer sejam bons ou maus". P. 1402.

(34) "Cristo não suportava os tristes sistemas mecânicos inanimados, que consideram os homens como objetos, e a todos tratam assim; para Ele não existiam leis, mas simplesmente exceções". P. 1408.

(35) "Os homens cujo desejo consiste unicamente em realizarem-se a si mesmos não sabem nunca aonde vão. Nem podem sabê-lo. Em certo sentido da palavra é necessário (...) conhecer-se a si mesmo (...) mas reconhecer que a alma humana é desconhecida é a suprema realização da sabedoria". P. 1411.

(36) "O momento do arrependimento é o da iniciação. Mais ainda: é o momento mediante o qual alguém pode alterar seu passado". P. 1410.

(37) "Não teve o propósito de transformar um ladrão interessante em um homem honrado e aborrecido". P. 1410/11.

(38) "Talvez saia daqui com algo que antes não possuía (...) Mas assim como a resolução de converter-me em um homem melhor é um ato de hipocrisia anticientífica, o chegar a ser mais profundamente humano é o privilégio dos que sofreram". P. 1412.

(39) "(...) talvez o que ainda me reste de beleza de vida esteja contido em algum momento de abandono, de rebaixamento e humilhação". P. 1414.

(40) "Em minha tragédia tudo foi espantoso, mesquinho, repugnante e desprovido de Estilo. Nosso próprio uniforme nos torna grotescos. Somos bufões da dor. Palhaços com o coração partido. Estamos especialmente indicados para excitar o sentido humorístico". P. 1414.

(41) "(...) o mais terrível da época atual é que a tragédia se veste com roupas de comédia, de modo que as grandes realidades parecem triviais, grotescas ou carentes de estilo. Isto é completamente certo a

respeito da época moderna. Foi provavelmente sempre certo na vida real". P. 1413.

(42) "(...) por trás da dor só se encontra mesmo a dor. O sofrimento, contrariamente ao prazer, não usa máscara". P. 1396.

(43) "Eras meu inimigo, um inimigo como não teve ninguém jamais. Havia-te consagrado minha vida e para satisfazer as mais vis e desprezíveis paixões humanas – o ódio, a vaidade e a gula – atiraste-a longe. Em menos de três anos me arruinaste por completo sob todos os aspectos. No meu próprio interesse já não podia fazer outra coisa que não fosse querer-te". P. 1374.

(44) "Pudeste, quando menos, imaginar que tragédia mais tremenda foi para mim encontrar em meu caminho tua família?". P. 1419.

(45) "Censuro-me por ter permitido que uma amizade não intelectual (...) dominasse por completo minha vida". P. 1344.

(46) "Eras o tipo perfeito de uma espécie moderníssima (...) Tua prodigalidade desmedida era um verdadeiro crime". P. 1427.

(47) "Ele (...) não podia suportar os tolos (...) pessoas que estão repletas de opiniões e não compreendem uma sequer; tipo genuinamente moderno, definido já por Cristo". P. 1408.

(48) "... Não compreendes agora que tua falta de imaginação foi o único defeito verdadeiramente fatal de teu caráter?". P. 1370; e também nas págs. 1346, 1360, 1374, 1388, 1414, 1419, 1433.

(49) "Lembra-te, também tenho ainda de conhecer-te. Ou talvez tenhamos de conhecer-nos mutuamente?". P. 1437.

(50) "Às vezes tenho a impressão de que tu mesmo não foste mais que um fantoche movido por uma mão secreta e invisível para conduzir uns sucessos terríveis a um final terrível. Mas até os próprios fantoches têm paixões. Criarão eles um novo tema naquele em que são apresentados e, para satisfazer qualquer capricho ou apetite pessoal, envolverão em vicissitudes o final determinado. Ser completamente livre e estar ao mesmo tempo inteiramente dominado pela lei é o eterno paradoxo da vida humana, que realizamos a cada instante, e aí está – como penso amiúde – a única explicação possível de tua natureza". Pp. 1364/5.

(51) "(...) se leres esta carta com cuidado, como deves, ver-te-ás diante de ti mesmo, verás diante de ti tua vida". P. 1426.

(52) "A moral não me serve para nada. Sou, por natureza, oposto a toda lei, e estou feito para as exceções. Mas ao passo que não vejo mal algum em meus atos, dou-me conta de que não posso dizer o mesmo a respeito de suas conseqüências e está bem que haja aprendido isto". P. 1391.

(53) "É erro comum crer que aqueles que são a causa ou a ocasião das grandes tragédias compartilhem dos sentimentos apropriados a esta modalidade trágica: não há erro mais fatal do que esperar isso deles". P. 1428.

(54) "(...) a loucura de Hamlet é uma simples máscara para dissimular sua debilidade (...) Obstina-se em brincar com a ação, como o artista com uma teoria. É o espião de seus próprios atos e, escutando suas próprias palavras, sabe que estas não são mais que 'palavras, palavras, palavras'. Em vez de tentar ser o herói de sua própria história, tenta ser o espectador de sua tragédia. Duvida de tudo, inclusive de si mesmo e, não obstante, esta dúvida não o ajuda, pois não provém do cepticismo, mas de uma vontade dividida". P. 1429.

(55) "(...) Guildenstern e Rozencratz são imortais (...) São a contribuição da vida moderna ao antigo ideal de amizade (...) São tipos fixos para todos os tempos (...) Encontram-se singelamente fora da esfera: é tudo". P. 1430.

(56) "A diferença que existe entre ti e mim é muito maior que a existente entre eles e Hamlet. O que neles se devia ao acaso, foi em ti livre escolha". P. 1430.

(57) "(...) estou longe ainda da verdadeira têmpera da alma (...) e por mais incompleto que eu seja, podes, contudo, aprender ainda muito de mim. Vieste a mim para aprender o gozo da vida e o gozo da arte. Talvez tenha sido eu escolhido para ensinar-te algo mais maravilhoso: a significação e a beleza da dor". Pp. 1401, 1437.

(58) "Vais compreender agora um pouco? Desperta por fim tua imaginação do sopor letal em que tem estado mergulhada? Agora já sabes o que é o ódio. Mas começas entrever o que é o amor e a essência do amor? Não é tarde ainda para que o aprendas, embora o ensinar-to haja-me custado viver morrendo numa cela carcerária". P. 1374.

(59) "Em outro tempo estivemos separados por um profundo abismo, o que separa a arte verdadeira e perfeita da cultura adquirida. E agora esse abismo é ainda mais fundo, porque é o da dor; não obstante, não há nada impossível para a humildade, tudo é factível para o amor". P. 1436. "Não temas o passado. Se as pessoas te disserem que é irrevogável, não as creias". P. 1437.

(60) "Todos os julgamentos de uma causa são julgamentos de uma vida inteira (...) A sociedade, tal como a construímos, não terá lugar para mim". P. 1435.

Referências bibliográficas

Ellmann, Richard. *Oscar Wilde*. Companhia das Letras, São Paulo, 1988.

Wilde, Oscar. *Obra completa*. Nova Aguilar, Rio de Janeiro, 1980.

Pax*: feliz num mundo enfim bem real

Robert Lévy

Embora seja verdade que o PACS ocupa muito os parlamentares, inclusive a ponto de fazê-los desaparecer no dia da votação, o conjunto de nossa sociedade não deixa de ter participação nisso. Não passa um dia sem que tal ou qual partido, sindicato, agrupamento de um tipo ou de outro manifeste sua posição. Esses discursos políticos, freqüentemente eleitoreiros, não trazem, fundamentalmente, um esclarecimento quanto à posição justa a adotar com relação a essa questão, já que sabemos que, na maioria das vezes, a caça ao voto é a lei. Portanto, é inútil contrapor a uns que eles são de direita e a outros que eles são de esquerda, na medida em que cada um se determina em função dos interesses de seu próprio eleitorado e não de alguma ética.

Então, os psicanalistas teriam algo a dizer sobre isso? Nada é menos certo, a não ser que se leve a sério que "*o inconsciente é a política*"[1]. Em troca, sustentamos que eles estão num lugar particularmente interessante, ali onde se produz discurso, o que lhes permite entender melhor do que ninguém qual é a verdadeira questão no fundo desse debate: a tentativa de passagem de um discurso a outro. O exemplo que o PACS nos dá não é a tentativa de passar do discurso perverso à perversão do discurso? Essa passagem é exitosa quando o social se encarrega de autenticá-la por uma lei. No

* Pax: em latim, paz. Lê-se "pacs". PACS é a sigla de Pacto de solidariedade civil, lei em discussão, na França, que, resumidamente, regulariza os direitos de herança entre casais em "solidariedade civil". (NT)

[1] J. Lacan, 10 de maio de 1967.

entanto, é válido falar aqui de "discurso perverso"? Parece que sim, se nos apoiarmos, em Freud, na idéia de que "Seria preciso considerar as perversões, cujo negativo é a histeria, como os vestígios de um culto sexual primitivo, que, inclusive, talvez tenha sido, no oriente semítico, uma religião (Moloch, Astarté)..."[2] e também no fato de que "As perversões sexuais são abordadas com um relativismo cultural, e sem esquecer que elas se enraízam na predisposição sexual infantil, que permanece recalcada e inconsciente na psiconeurose, que é o negativo da perversão"[3]; conseqüentemente, para Freud as perversões estão inscritas, por um lado, na dimensão da cultura e, por outro, na estrutura, e isso de maneira intimamente ligada. Igualmente, é válido falar de discurso perverso, se se segue a vertente que Lacan deu a seus quatro discursos, já que o discurso da histérica faz parte desse conjunto, cujos outros componentes são o universitário, o do mestre e o do analista. Aliás, rapidamente Lacan só falará da histeria como discurso da histérica. A esse título, se podemos dizer, com Freud e Lacan, que a histeria é o negativo da perversão, a partir daí, com relação ao discurso histérico, a perversão é um discurso cujo negativo é o discurso da histeria.

É por isso que, levando em conta os quatro discursos, podemos sustentar que, se, no lugar da verdade, há, para a histérica, o objeto *a*, para o perverso, nesse mesmo lugar há recusa [*déni*], e está aí sua verdade! É o que, em relação ao discurso analítico, constitui problema, já que, de sua parte, ele se funda numa certa forma de amor pela verdade que inclui a questão da morte, que não evita, pois, a castração.

Ora, toda a problemática introduzida por essa diferença na ordem dos discursos nos leva a pensar que o discurso perverso opera um certo tipo de forçamento permanente com relação ao social, digamos, com relação ao discurso social no seio do qual ele sem parar tenta fazer-se reconhecer, fazer admitir, pois, *legalmente*, "que não há ato sem que a lei nele esteja situada"[4], ao mesmo tempo tentando perverter essa mesma definição. Assim, ele tenta demonstrar ao público que todo ato pode chegar a lhe permitir aplicar

---

[2] S. Freud, *La naissance de la psychanalyse*, Trad. A. Berman, PUF, 1973, 3ª edição revista e corrigida, p. 167 (carta de 24/1/1987).

[3] S. Freud, *Les cinq psychanalyses*, PUF, 1975, pp. 35-36.

[4] J. Lacan, *L'Envers de la psychanalyse*, Le Seuil, Paris, 1991, p. 145.

sua própria lei e que, conseqüentemente, não há castração, já que "a mãe também dele é provida". Nesse sentido, Lacan insiste nesse fato de que "é do falo como função imaginária que se deve fazer o objeto da castração"[5]. O que a histérica integrará perfeitamente, encarnando o objeto para um outro, ao passo que o perverso faz do falo um objeto real, para recusar [*(dé)nier*] a castração. Objeto real porque no real nada poderia faltar.

Tudo isso nos leva a pensar que bem existe uma passagem possível do discurso perverso para a perversão do discurso enquanto discurso social; essa passagem é exitosa quando o social se encarrega de autenticá-la por uma legislação, ao que estamos confrontados nessa aurora desse terceiro milênio quando um certo tipo de discurso igualitário domina o da diferença, ficando entendido que a diferença e a igualdade só se fundam pelo discurso analítico em dimensões simbólicas que remetam a uma certa relação com a castração. E está aí o que é visado pelo discurso perverso, isto é, fazer com que a lei social se encarregue dessa negação das diferenças, chegando à recusa [*déni*] pura e simples de todo limite, e isso até na sucessão das gerações, por exemplo, pelo auto-engendramento que a clonagem tornaria possível. Assim, podemos ao mesmo tempo nos regozijar por o discurso social (político) tentar pôr em operação uma solução legal contra todas as formas de discriminação e com todo direito nos perguntar se a irredutível diferença dos discursos de "declaração de sexo" não permanece ainda um escolho necessário para essas tentativas. Com efeito, do ponto de vista do inconsciente, poderíamos afirmar que não se nasce homem ou mulher, se se torna por identificação; com efeito, o órgão não é primeiro; a linguagem, que pode ser, no caso, linguagem sobre o órgão, é determinante para o futuro de um ser falante e de seu lugar de um lado ou de outro do que comumente se chama de diferença dos sexos.

Então, evidentemente, seria muito mais simples amar-se entre seres-falantes [*parlêtres*] do mesmo sexo, o que Freud já sublinhava em 1926: "O amor de homem a homem também seria muito mais fácil. No plano do desenvolvimento histórico, seria inclusive mais satisfatório, sendo dado que não se teria que ultrapassar esse resto de estranheza entre homem e mulher

[5] J. Lacan, *ibid.*, p. 144.

e não se guardaria esse suplemento de sadismo que envenena as relações dos dois sexos"[6].

Hoje, a questão é reclamar o reconhecimento de um fato social evidente: a comunidade homossexual foi dizimada pela AIDS e isso colocou problemas entre os casais, notadamente problemas de sucessão, que até então não tinham conhecido tal amplitude. Mas, através dessa demanda de regularização de uma realidade fiscal ou de sucessão imobiliária, a questão é radicalmente outra, questão que tende a demonstrar que, considerando-se todos os sexos, qualquer casal vale tanto quanto qualquer outro e que, conseqüentemente, eles devem ter os mesmos direitos. Em troca, o PACS tende a inscrever a homossexualidade na lei, legalizando que não é a diferença entre 1 e 2, mas a série idêntica (1 + 1 + 1, etc) que constitui laço.

Não se resolve essa questão ao imputar a seus detratores o qualificativo "homófobo". Lembremos que, felizmente, na França, os homossexuais não são mais perseguidos pela prática de sua sexualidade e Freud, ao mesmo tempo que classificava as homossexualidades nas perversões[7], foi capaz de defender, no seu tempo, o direito dos homossexuais de viver sua sexualidade: "É uma grande injustiça perseguir a homossexualidade como um crime e é também uma grande crueldade"[8]. No entanto, uma coisa é viver sua sexualidade sem ser perseguido por crime pela lei e outra coisa é inscrevê-la e fazê-la reconhecer, sob contrato, pela lei. Assim, tornou-se complicado fazer a diferença entre o ostracismo do qual os homossexuais sofrem e o princípio da não-confusão e do reconhecimento da diferença dos sexos que é constitutivo de toda vida social. Já se entende aí o quanto a questão é ultrapassar os limites, todos os limites, para chegar a esse *mundo sem limite* que Jean-Pierre Lebrun descreveu em sua obra muito interessante[9].

É quanto a esse ponto que os psicanalistas poderiam talvez fazer passar ao público que não se modifica impunemente o imaginário social, isto é, sem que haja conseqüências no nível simbólico e, pois, no nível psíquico.

---

[6] S. Freud; S. Zweig, *Correpondance* (1908-1939), ed. Rivages, 1991, carta de 4/9/1926.

[7] *Introduction à la Psychanalyse*, 1992, pp. 193 e 284.

[8] S. Freud, *Correspondance 1875-1939*, Gallimard, p. 461, carta de 9/4/1935.

[9] J.-P. Lebrun, *Un monde sans limite*, Érès, 1997, reed. 1999 [Tradução brasileira: *Um mundo sem limite*, Companhia de Freud, Rio de Janeiro, 2004].

E não é porque uma certa bissexualidade existe psiquicamente em todo ser falante que se pode pensar tão facilmente que instituir uma aliança entre duas pessoas de sexo idêntico permitiria eliminar todo o problema de sua representação no mundo. Nesse sentido, Freud reconhecia também que "a tendência homossexual dos sentimentos humanos é necessária a nossa sociedade"[10]. Se esse ponto levanta tantas polêmicas, é porque ele toca, através da aliança por contrato entre duas pessoas, na questão do Édipo. Com efeito, Lacan já nos havia indicado: "Se a teoria analítica atribui ao Édipo uma função normativa, vamos lembrar que nossa experiência ensina que não basta que ela conduza o sujeito a uma escolha objetal, é preciso ainda que a escolha de objeto seja heterossexual"[11]. Conseqüentemente, trata-se, nem mais nem menos, de um questionamento fundamental da função normativa do Édipo no sujeito falante no que está em jogo nos debates atuais, sem que isso, é claro, seja dito.

Mas poderíamos também abordar essa mesma questão sustentando que bem se trata de identidade, de problema de identidade no mundo em que vivemos, mundo da globalização que faz prevalecer uma homogeneização abstrata, na qual "tudo o que circula cai sob uma unidade de conta e, inversamente, só circula se se deixar assim contar"[12]. Não esqueçamos que a reivindicação comunitária minoritária – e a dos homossexuais é uma das mais fortes – produz, a cada vez, uma imagem social que autoriza a fabricação e a venda de novos produtos: revistas especializadas, centros comerciais adequados, rádios livres, até mesmo quarteirões inteiros, como é o caso em São Francisco ou em Paris. Reconheçamos, com Badiou, que a lei do mercado exige também que surjam de modo permanente identidades subjetivas que reclamem o direito de serem expostas, como as outras, às prerrogativas uniformes do mercado. A partir daí, a lógica identitária ou minoritária vai, muito curiosamente, no sentido de buscar obter o reconhecimento de um comportamento sexual por um retorno ao direito de se assemelhar ao grande tradicionalismo do casamento ou da família, como é o caso da comunidade homossexual atualmente. O resultado é o retorno puro e sim-

[10] *Les premiers psychanalystes*, *II*, Gallimard, 1978, sessão de 20/4/1910, p. 482.

[11] J. Lacan, *La relation d'objet*, Le Seuil, p. 201.

[12] A. Badiou, *St. Paul, La Fondation de l'universalisme*, PUF, p. 10.

ples às concepções arcaicas culturalmente estabelecidas como a conjugalidade estrita, o aprisionamento das mulheres, etc. Em resumo, o que se chama modernidade nos oferece mais uma ditadura uniforme que um verdadeiro tecido de diferenças móveis. E, daí, "a palavra cultura vem obliterar a palavra arte, a palavra técnica oblitera a palavra ciência, a palavra gestão oblitera a palavra política, a palavra sexualidade oblitera o amor"[13]. Tudo está na perfeita homogeneidade do mercado, no qual cada um dos termos – cultura, técnica, gestão, sexualidade – recobre uma rubrica da representação de mercadoria.

Mas voltemos um pouco à questão dos discursos, porque é nesse terreno que se produz a passagem mais importante. Com efeito, acontece que hoje, na nossa sociedade moderna, o discurso perverso representa o rebelde e encarna, de uma certa maneira, essa "justa luta" pela igualdade dos sexos que, evidentemente, o homem progressista deve reconhecer como discurso social que sustenta os libertados. Assim, o homem "moderno" deve sustentar sua justa luta pela igualdade de direitos – e contra todo tipo de conformismo. Conseqüentemente, e é aí que se opera esse deslizamento, ele fica obrigado a sustentar a não-diferença dos sexos. Não é o lugar que os homossexuais encarnam hoje, lugar de aversão marcada contra todos os conformismos e por um certo gregarismo? Mas ainda é preciso não se enganar de discurso, porque aí se trata, sob uma forma mascarada, do que Freud chamou "desmentido" [*désaveu*] e que pode tomar, em certas épocas, a forma dessa pseudoliberdade que consiste em agir isoladamente, recusar reconhecer-se dependente de qualquer senhor; no caso, o senhor da diferença. Mas, se uma prática sexual exclusiva chega a demandar seu reconhecimento social por contrato[14], isto é, não se satisfaz mais com ser simplesmente vivida, é porque a força propulsora que está em jogo, ou melhor, o que é visado é a destituição da lei, e, mais especialmente, a lei paterna; é sempre por aí que se entra no campo da perversão, que tem como tarefa a recusa dessa mesma lei e, pois, contrapor um desmentido [*démenti*] à ameaça que lhe dá todo o seu peso, isto é, a ameaça da castração.

---

[13] A. Badiou, ob. cit.

[14] O contrato de casamento é justamente uma maneira de poder repartir o gozo dos bens entre as duas partes e sua transmissão para a descendência.

Com efeito, fazer passar para o discurso social e, sobretudo, fazer reconhecer pelo jurídico que há equivalência entre um casal homo e um casal hétero é fazer a demonstração de que a diferença dos sexos não é mais capaz de constituir lei e que, conseqüentemente, essa diferença não é mais apta a organizar as trocas na sociedade. É claro, o discurso perverso visa a falta de toda lei, é essa sua função e, de uma forma também paradoxal, o liberalismo, por seu representante mundial, a globalização, representa a falta de lei na qual pode se entranhar o discurso perverso. Sob a capa de querer fazer a humanidade avançar para uma maior justiça igualitária, esta só consegue tornar caduca a lei fundamental que a constitui. Essa lei supõe que, para todo ser falante, homem ou mulher, a diferença dos sexos o confronta com sua incompletude e, nessa medida, está assegurado que sempre lhe faltará alguma coisa que ele não tem, mesmo que ele se case: lembremos esse "não há relação sexual" de Lacan, que insiste no fato de que não se pode escrever uma relação na qual uma metade homem completaria uma metade mulher. Embora possamos nos regozijar por o discurso político tentar pôr em operação uma solução contra todas as formas de discriminação social, os psicanalistas podem, entretanto, se perguntar se a irredutível diferença dos discursos de declaração de sexo não permanece o grão de areia necessário a essas tentativas.

Com efeito, a proposição lacaniana dos quantificadores da sexuação nos ensina um pouco mais precisamente sobre o fato de que, ainda que o lado homem e o lado mulher tenham uma relação com a castração, eles nem por isso mantêm inteiramente a mesma relação com a lei. A mulher não está toda submetida à lei do pai; é nesse ponto que se pode considerar que ela faz o universal vacilar até os fundamentos. Quer dizer, se a disparidade assim introduzida nos gozos, do lado homem e do lado mulher, for significativa. Então, por que querer resolver socialmente essa disparidade, já que introduzir a equivalência 50-50 supõe uma complementaridade homem/mulher e, pois, uma partilha igual da mesma relação com a lei (½ + ½ – 1)? Aqueles mesmos que sustentam essa justa luta não se dão conta de que, de fato, trabalham para sem parar reintroduzir a relação com o falo como lei única (falocentrismo), simultaneamente anulando o que, de outro modo, eles têm à sua disposição. Do lado homem, a questão seria reintroduzir uma mesma relação com o falo para todo mundo. Simultaneamente, isso anula a diferença do lado mulher, isto é, a diferença introduzida pelo "não todo", o gozo Outro, portanto.

Isso não deixa de ter conseqüências, já que então nos privamos de pôr em prática essa novíssima hipótese que se tira do ensino de Lacan: o fato de que, do lado mulher, ela não esteja toda sujeita à castração. O que nos leva a postular a idéia de que existiria, pois, uma outra forma de organização social que não seria "não toda" reduzida à organização social fálica ancestral em torno do *Pater familias.*

Trata-se, para o discurso perverso, de ficar de través com a realidade no ponto crucial em que ela nos confronta com a castração e a lei. Assim, pode-se ficar surpreso de uma sociedade ser levada a legislar e a instituir um contrato que justifique um discurso que desmente seus valores oficiais.

O discurso perverso se propõe, pois, inventar uma nova realidade, na qual não haveria mais falta nem perda e, sobretudo, uma nova realidade na qual a não-diferença dos sexos então novamente faria lei. É claro, o discurso perverso supõe não renunciar a nada; conseqüentemente, o contrato social suporá um segundo tempo que, evidentemente, é o de ter filhos e adotar uma descendência. Esse parece o verdadeiro laço, no qual o discurso se dedica à demonstração dos contrários; ponto no qual podem se equivaler avesso e direito, onde de repente uma mesma proposição pode ser verdadeira quando é falsa, até mesmo falsa quando é verdadeira e verdadeira apenas se for falsa.

Portanto, a nova realidade é facilmente deduzida: há, enfim, relação sexual; isso funciona e até mesmo vai poder se escrever por contrato, já que se aboliu a diferença dos sexos.

Isso constituirá a revolução de nossa pós-modernidade e, muito naturalmente, o segundo tempo do contrato, com a adoção de crianças que enfim poderão testemunhar que "Papai é uma mulher e Mamãe é um homem!". É a nova declaração de sexo da pós-modernidade. Algo é visado quanto à questão da descendência, como Jean Genet indica muito bem: é que "amar os homens (para um homem) não vem do instinto sexual, mas de uma recusa da lei que visa à perpetuação da vida"[15]. Com efeito, o dis-

[15] Citado por Edmund White em *Jean Genet*, Gallimard, 1993, p. 384.

curso perverso visa, ao exaltar o órgão macho, ao mesmo tempo rebaixar o poder procriador do pai; daí, o falo, objeto de adoração ou de derrisão, se encontra reduzido a não ser mais que um fetiche. Compreende-se que toda reivindicação de "casamento" no quadro desse discurso seja apenas uma maneira de oficialmente tornar a lei do pai de tal modo enfraquecida que isso torna derrisório o falo a ponto de rebaixá-lo ao nível de fetiche.

Assim, a lei do significante se torna corrompida e corruptora e é por força de corrupção e por acelerar sua decomposição do lado da podridão que algo poderá ser salvo, mas em total derrelição para nossa sociedade; é a tese que sustenta Jean Genet, aliás com inteligência, segundo Catherine Millot[16].

Resta agora perguntar como procriar quando se é estéril; num certo discurso isso pode ser apenas uma tentativa de resolver uma falha, mas, num outro, é a prova dos nove de que o limite que a diferença dos sexos podia instaurar não é mais um limite. Reencontramos aqui a segunda fase da recusa [*déni*]: "... Toda perversão constitui uma negação dos fins atribuídos à procriação"[17]. Portanto, a banalização (induzida pela lei dita bioética de julho de 1994) vai servir de suporte graças às práticas de procriação com doadores anônimos, que são considerados pela lei como simples "fornecedores de produtos" e não como sujeitos humanos. Não podemos ouvir aí essa secreta esperança de recusar [*dénier*] inclusive a morte? E, se o deus dos monoteísmos já está morto, "algo como um retorno burlesco do politeísmo ameaça a representação do homem: um deus químico, um deus de espírito genético, e assim por diante"[18].

Sem correr muito risco, prevemos que a última fase dessa passagem do discurso perverso à perversão do discurso será constituída pela legalização da clonagem. Com efeito, que mais belo êxito da visada do discurso perverso do que a que poderá, enfim, permitir por contrato (social) que não apenas a diferença dos sexos não exista mais, mas que, além disso, possa-se reproduzir identicamente, conseqüência lógica do fato de que "o

[16] C. Millot, *Gide Genet, Mishima*, l'Infini, NRF, Gallimard, 1996 [Tradução brasileira da Companhia de Freud, Rio de Janeiro, 2004].

[17] S. Freud, *Introduction à la Psychanalyse*, Payot, 1992, p. 301.

[18] P. Legendre, *La fabrique de l'homme moderne*, Mille et une nuits, Texte integral, p. 29.

homossexual está apaixonado por sua própria pessoa"[19], estágio supremo do apagamento de toda diferença a partir de então autenticada por contrato na filiação, necessário acabamento de um mundo sem limite, mundo bem real, "porque no real nada é privado de nada. Tudo o que é real basta a si mesmo. Por definição, o real é pleno"[20].

[19] *Les premiers psychanalystes, ninutes IV*, Gallimard, 1983, sessão de 11/3/1914.
[20] J. Lacan, *La relation d'objet*, Le Seuil, p. 218.

Companhia de Freud
editora

OBRAS PUBLICADAS

Psicanálise e Tempo
Erik Porge

Psicanálise e Análise do Discurso
Nina Leite

Letra a Letra
Jean Allouch

Mal-Estar na Procriação
Marie-Magdeleine Chatel

Marguerite ou "A Aimée" de Lacan
Jean Allouch

Revista Internacional nº 1
A Clínica Lacaniana

A Criança na Clínica Psicanalítica
Angela Vorcaro

A Feminilidade Velada
Philippe Julien

O Discurso Melancólico
Marie-Claude Lambotte

A Etificação da Psicanálise
Jean Allouch

Roubo de Idéias?
Erik Porge

Os Nomes do Pai em Jacques Lacan
Erik Porge

Revista Internacional nº 2
A Histeria

Anorexia Mental, Ascese, Mística
Éric Bidaud

Hitler – A Tirania e a Psicanálise
Jean-Gérard Bursztein

Littoral
A Criança e o Psicanalista

O Amor ao Avesso
Gérard Pommier

Paixões do Ser
Sandra Dias

A Ficção do Si Mesmo
Ana Maria Medeiros da Costa

As Construções do Universal
Monique David-Ménard

Littoral
Luto de Criança

Trata-se uma Criança – Tomos I e II
Congresso Internacional de Psicanálise e suas Conexões – Vários

O Adolescente e o Psicanalista
Jean-Jacques Rassial

— Alô, Lacan?
— É claro que não.
Jean Allouch

A Crise de Adolescência
Octave Mannoni e outros

O Adolescente na Psicanálise
Raymond Cahn

A Morte e o Imaginário na Adolescência
Silvia Tubert

Invocações
Alain Didier-Weill

Um Percurso em Psicanálise com Lacan
Taciana de Melo Mafra

A Fantasia da Eleição Divina
Sergio Becker

Lacan e o Espelho Sofiânico de Boehme
Dany-Robert Dufour

O Adolescente e a Modernidade – Tomos I, II e III
Congresso Internacional de Psicanálise e suas Conexões – Vários

A Hora do Chá na Casa dos Pendlebury
Alain Didier-Weill

W. R. Bion – Novas Leituras
Arnaldo Chuster

Crianças na Psicanálise
Angela Vorcaro

O Sorriso da Gioconda
Catherine Mathelin

As Psicoses
Philippe Julien

O Olhar e a Voz
Paul-Laurent Assoun

Um Jeito de Poeta
Luís Mauro Caetano da Rosa

Estética da Melancolia
Marie-Claude Lambotte

O Desejo do Psicanalista
Diana S. Rabinovich

Os Mistérios da Trindade
Dany-Robert Dufour

A Equação do Sonhos
Gisèle Chaboudez

Abandonarás teu Pai e tua Mãe
Philippe Julien

A Estrutura na Obra Lacaniana
Taciana de Melo Mafra

Elissa Rhaís
Paul Tabet

Ciúmes
Denise Lachaud

Trilhamentos do Feminino
Jerzuí Tomaz

Gostar de Mulheres
Autores diversos

Os Errantes da Carne
Jean-Pierre Winter

As Intervenções do Analista
Isidoro Vegh

Adolescência e Psicose
Edson Saggese

O Sujeito em Estado Limite
Jean-Jacques Rassial

O que Acontece no Ato Analítico?
Roberto Harari

A Clínica da Identificação
Clara Cruglak

A Escritura Psicótica
Marcelo Muniz Freire

Os Discursos e a Cura
Isidoro Vegh

Procuro o Homem da Minha Vida
Daniela Di Segni

A Criança Adotiva
Nazir Hamad

Littoral
O Pai

O Transexualismo
Henry Frignet

Psicose, Perversão, Neurose
Philippe Julien

Como se Chama James Joyce?
Roberto Harari

A Psicanálise: dos Princípios
Ético-estéticos à Clinica
W.R. Bion – Novas Leituras
Arnaldo Chuster0

O Significante, a Letra e o Objeto
Charles Melman

O Complexo de Jocasta
Marie-Christine Laznik

O Homem sem Gravidade
Charles Melman

O Desejo da Escrita em Ítalo Calvino
Rita de Cássia Maia e Silva Costa

O Dia em que Lacan me Adotou
Gérard Haddad

Mulheres de 50
Daniela Di Segni e Hilda V. Levy

A Transferência
Taciana de Melo Mafra

Clínica da Pulsão
Diana S. Rabinovich

Os Discursos na Psicanálise
Aurélio Souza

Littoral
O conhecimento paranóico

Revista Dizer - 14
A medicalização da dor

Neurose Obsessiva
Charles Melman

A Erótica do Luto
Jean Allouch

Um Mundo sem Limite
Jean-Pierre Lebrun

Comer o Livro
Gérard Haddad

Do Pai à Letra
Hector Yankelevich

Comer o Livro
Gérard Haddad

Do Pai à Letra
Hector Yankelevich

A Experiência da Análise
Norberto Ferreyra

A Fadiga Crônica
Pura H. Cancina

O Desejo Contrariado
Robert Lévy

Gide-Genet-Mishima
Catherine Millot

O Sexo Conduz o Mundo
Colette Chiland

A Dependência Química
na Adolescência
Hélcio Mattos

Psicanálise de Crianças Separadas
Jenny Aubry

Um Homem de Palavra
Nazir Hamad

Poetas, Crianças e Criminalidades
Isidoro Vegh

A Arte de Reduzir as Cabeças
Dany-Robert Dufour

A SEREM EDITADOS

Os Nomes Indistintos
Jean-Claude Milner

O Caminhante Analítico
Victor Smirnof

Figuras do Real
Ginette Michaud

Do Amor do Outro ao Amor de Si
Patrick Delarache

A Topologia de Lacan
Jean-Paul Gilson

O Conhecimento Paranóico
Revista Litoral

Letra e Pulsão de Morte
Andre Green

Enigma do Incesto
Laure Rozen

O Inferno do Dever
Denise Lachaud

A Quarta Mulher
Paul Tabet

Lacaniana
Moustapha Safouan

Dez Conferências de Psicanálise
Moustapha Safouan

Estados de Abandono
Jacques André

Transferência e Estados Limites
Jacques André

Da Paixão
Jacques André

O Próximo
Isidoro Vegh

Para uma Clínica do Real
Isidoro Vegh

A Significação do Falo
Diana Rabinovich

A Angústia e o Desejo do Outro
Diana Rabinovich

O Fracasso do Fantasma
Silvia Antigo

A Ambivalência Materna
Michele Benhaím

O Dicionário da Sexualidade Humana
Philippe Brenot

A Sombra do Teu Cão
Discurso Psicanalítico e
discurso Lésbico
Jean Allouch

A Anatomia da Terceira Pessoa
Guy Le Gaufey

A Criança no Espelho
Émily Jalley

O Livro das Separações
Emílio Rodrigué

Quartier Lacan
Alain Didier-Weill

Brincar é Coisa Séria
Clemencia Baraldi

O Sujeito Freudiano e Pulsionalidade
Bernard Penot

IMPRESSÃO

GRÁFICA MARQUES SARAIVA
Rua Santos Rodrigues, 240 - Estácio / RJ
Telefax: (21) 2502-9498